Sandra Weiss

**Warum der Feminismus
Käse ist und Frauen
- nach wie vor –
besser einen reichen Mann
heiraten sollten**

Die Deutsche Nationalbibliothek verzeichnet diese Publikation in der
Deutschen Nationalbibliografie; detaillierte Daten sind im Internet
über http://dnb.d-nb.de abrufbar.

1. Auflage

©2018 Sandra Weiss
Herstellung und Verlag:
BoD – Books on Demand, Norderstedt

ISBN: 9 7837431 90702

Der Feminismus
wurde in Wahrheit von einem Kerl erfunden,
der dachte, die Weiber,
die sitzen immer nur zuhause auf dem Sofa,
schaukeln die Babys in den Schlaf und
trinken den ganzen Tag Latte Macchiato,
es wird Zeit, dass sie auch etwas
für das Bruttosozialprodukt tun.
Der Name dieses Mistkerls ist bis heute nicht bekannt.

Vorwort

Ich bin eine Frau und bin mit dem Feminismus aufgewachsen.
In den spießigen Fünfzigerjahren geboren, als Mädchen an allem
gehindert, was auch nur irgendwie Spaß machen könnte, auf Heirat
und Kinder eingeschworen, hat mich die Idee der Frauenbewegung
natürlich begeistert.
Endlich kam ein bisschen Leben in die öde patriarchalische Bude.
Vati als Oberhäuptling, der allein bestimmt, wo es langgeht, hat nach
mehr als fünftausend Jahren Männerherrschaft ausgedient. Frauen
brauchen keinen mehr, der ihnen sagt, was sie zu tun und zu lassen
haben. Sie tragen lila Latzhosen und gehen mit ihren Schwestern in
den Frauenbuchladen in einen Frauenfilm. Sie verbrennen ihren BH
und finden Penetration doof.
Frauen gemeinsam sind stark und haben einen besser vernetzten
Balken zwischen rechter und linker Gehirnhälfte.
Männer dagegen sind Schweine und machen immer Pipi neben die
Kloschüssel.
Ich bin eine Frau und habe jahrelang feministisch gelebt. Weil mich,
als ich jung und dumm war, die Idee der Frauenbewegung, wie gesagt,
begeistert hat, habe ich freudig und freiwillig alle Regeln der feministischen Ideologie befolgt.
Die erste Regel ist: Frauen müssen aushäusig arbeiten und Karriere
machen. Nur das macht Frauen glücklich. Hausfrauen sind verblödete
graue Mäuse, die zwischen Kindern und Küche geistig und seelisch
verkümmern. Ich bin immer berufstätig gewesen.
Die zweite Regel heißt: Frauen sollen sich von der Liebe zu einem
Mann befreien. Liebe ist nichts als ein Konstrukt des Patriarchats, das

Frauen in emotionaler und sexueller Knechtschaft hält. Ich habe mich mit Anfang dreißig scheiden lassen.

Die dritte Regel lautet: Kinder sind ein Karrierekiller. Mutterschaft ist das stabilste Glied in der Fessel der Frau. Den Mutterinstinkt gibt es nicht, er wird den Frauen nur eingeredet. Nach der Scheidung war ich mit zwei Kindern allein erziehend.

Vollzeit berufstätig, geschieden und allein erziehend. Mir kann also keiner erzählen, dass ich keine Ahnung hätte.

Ich bin eine Frau und pinkle dem Feminismus jetzt ans Bein. Dem Feminismus ans Bein zu pinkeln, ist eine heikle Sache. Wenn ich ein Mann wäre, der Frauen am liebsten zu Hause in der Küche und bei den Kindern sieht, würden mir sicher viele applaudieren. Es gibt ja auch Frauen, die Frauen am liebsten zu Hause bei Küche und Kind sehen. Die würden mir bestimmt auch applaudieren. Aber eine Frau, die nicht den einzigen Lebenssinn in Küche und Kind sieht und trotzdem dem Feminismus ans Bein pinkelt, hat es noch nicht gegeben. Ich wage es trotzdem.

Ich wage es, die feministische Ideologie auseinander zu nehmen. Ich behaupte, dass sie uns Frauen eine Menge Probleme eingebrockt hat. Ich behaupte, dass sie uns nicht wohlgesonnen ist. Ich bin wohl eine Nestbeschmutzerin. Ob es mir gut bekommt, weiß ich nicht. Es fällt es mir schwer, eine Nestbeschmutzerin zu sein.

Es wird in dem Buch keinen Satz über den gottgegebenen Unterschied zwischen Mann und Frau geben, nichts über Mütter, deren wahre Bestimmung es ist, bei ihren Kindern zu Hause zu sein. Es ist keine Abhandlung über die Frauenquote, den Gender Pay Gap oder böse Mädchen. Es geht auch nicht um die metoo-Debatte.

Das Buch ist ein Wutausbruch. Oder vielleicht ein Aufschrei. Kein

Aufschrei, weil irgendwer irgendwann irgendwo irgendwem in den Ausschnitt geglotzt hat, sondern, weil der Feminismus so tut als ob er dasselbe sei wie die Emanzipation der Frau.

Der Emanzipation würde ich niemals ans Bein pinkeln. Das gehört sich nicht. Die Emanzipation war wichtig und notwendig. Es war notwendig, sich gegen die jahrtausendalte Unterdrückung und die Behinderung an der freien Entfaltung zu wehren. Eine Tatsache, die keiner bestreitet, der einigermaßen bei Verstand ist.

Wer will schon in einer Gesellschaft leben, in der Frauen nicht mehr wert sind als eine Kuh. Bis in die letzte Ecke der Erde ist die Emanzipation der Frau inzwischen vorgedrungen. Und das ist gut so. Mit ihr aufzuwachsen, hat mir viele neue Möglichkeiten und Freiheiten eröffnet.

Emanzipation ist auch nicht auf Frauen begrenzt. Emanzipation bedeutet, dass jemand, der unfrei lebt, sich befreit. Emanzipiert ist also jeder Mensch, der sich mutig gegen Unfreiheit zur Wehr setzt. Das ist eine gute Sache und ohne Emanzipation würden Menschen immer noch als Sklaven gehalten werden.

Heute sind sich Mann und Frau ebenbürtig.

Beide Geschlechter können geistig und körperlich das Gleiche leisten und seelisch das Gleiche empfinden. Leider wurden Frauen früher der geistigen, körperlichen und seelischen Schwäche bezichtigt und an ihrer freien Entfaltung gehindert. Es war richtig und wichtig, dass sie sich gegen diese Benachteiligung zur Wehr setzten. Die Emanzipation der Frau steht nicht zur Debatte und alle, die der Meinung sind, dass sie Unsinn ist und dem Mann die Butter vom Brot nimmt, sollten ihre steinzeitliche Geisteshaltung überdenken.

Die Zeit der patriarchalischen Alleinherrschaft ist vorbei. Frauen wollen den Männern nicht mehr die Pantoffeln hinterher tragen und an allem, was nur irgendwie Spaß machen könnte, gehindert werden. Vati als Oberhäuptling hat wirklich ausgedient.

Männer und Frauen sind komplizierte Wesen, die in einer komplizierten Gesellschaft unter komplizierten Bedingungen individuelle Lebenslösungen finden müssen. Lösungen im gerechten Umgang miteinander und Lösungen im Geschlechterkampf. Diesen Kampf, den es vermutlich gibt, seit es Menschen gibt und für dessen Ende noch kein Patentrezept gefunden wurde. Ein Ende dieses Kampfes wäre wahrscheinlich auch todlangweilig, denn was ist interessanter im Leben als der prickelnde Unterschied zwischen Mann und Frau.

Über diesen Unterschied wurde vor über vierzig Jahren ein Buch geschrieben. Jede Frau, die etwas auf sich hielt, konnte jedes Wort in dem Buch auswendig. Vermutlich war der damals kleine Unterschied größer als heute, vierzig Jahre sind eine lange Zeit und einiges hat sich seitdem verändert, trotzdem gilt dieses in Millionenauflage verkaufte Buch immer noch als wegweisend im Verhältnis zwischen den Geschlechtern. Eine ganze Bewegung hat sich daraus formiert, eben der Feminismus.

Ich bin eine Frau und bin mit diesem Feminismus aufgewachsen. Ich habe viele Jahre nach seinen Regeln gelebt und jetzt pinkle ich ihm ans Bein.

Er ist nämlich Käse.

Er ist nichts als eine Ideologie.

Eine Ideologie, die behauptet, dass nur aushäusige Arbeit Frauen glücklich macht, Liebe, Familie und Kinder anachronistisch sind und Hausfrauen sich bloß vor der fordernden Arbeitswelt drücken wollen, ist Käse. Eine Ideologie, die dazu führt, dass Frauen sich heutzutage in tausend Teile zersplittert fühlen, weil sie nicht mehr wissen, ob sie ruhigen Gewissens liebevolle Mütter sein dürfen, ohne damit gegen feministische Prinzipien zu verstoßen, ist ebenfalls Käse. Und eine Ideologie, die als Ergebnis drei Millionen allein erziehende Mütter produziert hat, die ohne Hilfe und finanzielle Absicherung seitens eines Mannes in Armut versinken, ist auf jeden Fall mehr als Käse.

Der Feminismus ist uns Frauen nicht wohlgesonnen. Er hat uns eine Menge Probleme eingebrockt und an der Nase herum geführt. Er behauptet, für die Befreiung der Frauen zu kämpfen und hat sie, die Frauen, stattdessen in Unfreiheit, Armut und Stress getrieben.

Es ist Zeit, sich dagegen zu wehren. Legen wir also los.

Statt eines 1. Kapitels kommt zuerst ein Selbsttest. Ein Test, mit dem Sie testen können, inwieweit Sie feministisch unterwandert sind und Schnappatmung kriegen, wenn Sie dieses Buch lesen oder ob es sich für Sie überhaupt lohnt, es zu lesen, weil Sie mit dem Feminismus sowieso nichts am Hut haben

SELBSTTEST

1. Ich bin
a) ein Mann (wieso lesen Sie dann dieses Buch?)
b) eine Frau
c) ein Tier (ich arbeite wie ein Pferd, bin fleißig wie eine Biene und abends müde wie ein Hund)
d) wütend

2. Ihr Alter ist
a) eine Frau fragt man nicht nach ihrem Alter
b) zwanzig Jahre jünger als mein Mann
c) zwischen dreißig und einunddreißig
d) über einunddreißig (ich werde aber von jedem auf unter dreißig geschätzt, was soll ich denn jetzt ankreuzen?)

3. Sie leben
a) in der Stadt
b) auf dem Land
c) von Hartz 4
d) in Rom und Paris und St. Moritz und, wenn mein Mann mich mitnimmt, manchmal auch in Los Angeles

4. Ihr Familienstand ist

a) bekennende Lesbe in eingetragener Lebenspartnerschaft mit der
EX-Frau meines Schwippschwagers

b) glücklich verheiratet

c) unglücklich verheiratet (kann mich aber nicht scheiden lassen, weil
ich nicht weiß, wovon ich dann mit meinen Kindern leben soll)

d) einsam, aber bei allen Internet-Single-Börsen angemeldet

5. Ihre Schulbildung ist

a) sehr gut

b) gut

c) befriedigend

d) ausreichend

6. Haben Sie eine Ausbildung?

a) Mädchen brauchen nichts zu lernen, die heiraten später sowieso
einen reichen Mann

b) ich habe drei Ausbildungen, aber alle abgebrochen

c) Ja, irgendwas mit Medien

d) ich habe Medizin studiert, den Facharzt in Chirurgie gemacht, mich
auf cerebrale Komplikationen spezialisiert und bin jetzt…

7. Und jetzt sind Sie von Beruf?

a) … die beste Mutter und Hausfrau der Welt (und auf der Suche nach
einer halben Stelle von 8.00 – 12.00 Uhr als Gehirnchirurgin)

b) irgendwas mit Medien

c) seit Jahrzehnten in der Teilzeitfalle

d) Chefarztgattin

8. Ihr Jahresnettoeinkommen liegt bei?
a) keine Ahnung, um finanzielle Dinge kümmert sich seit unserer
Hochzeit nur mein Mann
b) das geht Sie nichts an
c) also … ich verdiene als Krankenschwester im Monat 1.200 Euro,
plus Kindergeld und Wohngeld, das mal zwölf, das ist, Moment, das
sind … ich habe so viele Ausgaben, aber man soll ja nur das Ein-
kommen und nicht die Ausgaben, Moment, das ist etwa … Mist, ich
komme ganz durcheinander
d) Geld macht sowieso nicht glücklich

9. Ihre Jahresausgaben sind?
a) also…meine Ausgaben sind, Moment, Miete 850 Euro, Strom,
Wasser, Telefon, 150 Euro, Lebensmittel 300 Euro, neue Schuhe für
die Kinder 100 Euro …. das sind ja schon 1.400 Euro, ich weiß auch
nicht, ich verdiene doch nur 1.200 Euro, häh?
b) das geht Sie wirklich nichts an
c) keine Ahnung, um finanzielle Dinge kümmert sich seit unserer
Hochzeit nur mein Mann
d) immens

10. Wie viel Geld steht Ihnen im Monat persönlich zur Verfügung?
a) 3.000 Euro, aber davon muss ich leider auch Schuhe, Facelifting
und meine Gucci-Handtaschen bezahlen
b) mein Mann gibt mir kein Geld für persönlichen Schnickschnack
c) meine Mutter steckt mir ab und an etwas zu (obwohl sie mit ihrer
Rente von 810 Euro auch immer finanziell knapp ist)
d) minus 200 Euro

11. Wie hoch wird Ihre zu erwartende Rente sein?
a) unter der Armutsgrenze
b) an der Armutsgrenze
c) rund um die Armutsgrenze
d) mein Mann hat eine sehr gute Rente

12. Sind Sie Mutter?
a) Ja
b) Nein
c) ich bin sogar schon Großmutter
d) ich und meine siebenundzwanzig Katzen sind glücklich

13. Sind Sie gerne Mutter?
a) sogar mein Mann sagt Mutti zu mir
b) Ja, wenn die Kinder schlafen
c) ich bin in der Facebook-Gruppe Regretting-Motherhood aktiv
d) ich bin sechsundvierzig Jahre alt und mitten in meiner Karriere,
aber wenn ich einen passenden Partner finden würde, der zwanzig
Jahre Elternzeit nimmt, könnte ich mir vorstellen, dass ich, wenn ich
Mutter wäre, gerne Mutter wäre

14. Wie steht es um Ihre Gesundheit?
a) ich glaube, irgendwas stimmt mit meiner Mumu nicht
b) mit den schönen bunten Tabletten geht es einigermaßen
c) alles soweit in Butter, wenn nur dieser juckende Hautausschlag und
die Kopfschmerzen nicht wären
d) ich bin gesund wie ein Pferd, fleißig wie eine Biene und abends
müde wie ein Hund

15. Glauben Sie, dass Sie einen BurnOut haben?
a) Ja
b) Ja
c) Ja
d) Ja

16. Sind Sie emanzipiert?
a) ich habe eine Salzstreuerin und sogar eine Pfeffermühlin
b) meine Gucci-Handtaschen sind mir wichtiger
c) jetzt fangen Sie bloß nicht mit so politischen Themen an
d) Meine Oma hat schon alleine einen Hof mit 1000 Kühen versorgt

17. Was halten Sie vom Feminismus?
a) alle Feministinnen sind männerhassende Lesben
b) das ist doch das mit der Schwarzer, oder?
c) ohne Männer gäbe es nur glückliche dicke Frauen
d) Der Feminismus ist cool, da machen die Weiber alles alleine und
ich bin für gar nichts mehr verantwortlich (Sie sind doch ein Mann,
legen Sie das Buch sofort auf den Nachttisch Ihrer Frau!)

18. Glauben Sie, dass der Feminismus das Leben von Frauen in den
letzten vierzig Jahren verändert hat?
a) Ja, die Weiber machen alles alleine
b) Nein
c) das Leben von der Schwarzer hat sich nach der Aufdeckung ihres
Steuerskandals bestimmt verändert … oder auch nicht
d) nur im Kontakt mit positiven Energien und Schwingungen aus
dem Universum kann sich das Leben verändern

19. Wann haben Sie das letzte Mal in den Spiegel geguckt?
a) ich lese den SPIEGEL nur online
b) vor etwa zwanzig Jahren (habe keine Zeit)
c) Vorhin, ich habe geguckt was an meiner Mumu los ist
d) ich sehe grade, dass mein Facelifting wirklich gut gelungen ist

20. Wann hat Ihnen das letzte Mal ein interessanter Mann ein Kompliment gemacht?
a) vor über zwanzig Jahren (habe keinen Mann)
b) wenn Männer Komplimente machen, wollen sie nur Sex
c) interessante Männer drehen am Nordpol Dokumentarfilme über Eisbären und haben keine Zeit, Frauen Komplimente zu machen
d) in meinem vorherigen Leben

Geben Sie nun für jede Antwort
a) 1 Punkt   b) 2 Punkte   c) 3 Punkte   d) 4 Punkte
und addieren dann alle Punkte.

Platz, um die Punkte zu addieren:

Auflösung:

Unter 20 Punkte
Ich glaube, Sie können nicht zählen. Frauen haben es nicht so mit der Mathematik.

20 bis 40 Punkte
Sie sind viel zu gutgläubig. Sie halten den Feminismus für eine prima Erfindung, nur weil Sie Ihren Mann nicht mehr um eine schriftliche Erlaubnis fragen müssen, wenn Sie nach der Kinderphase wieder arbeiten gehen wollen. Träumen Sie weiter.

40 bis 60 Punkte
Sie sind eine völlig normale Frau. Ihre Frauenärztin wird Ihnen das sicher gerne bestätigen.

60 bis 80 Punkte
Sie sollten dieses Buch auf jeden Fall lesen.

über 80 Punkte
Herzlichen Glückwunsch. Sie haben gewonnen und erhalten als Geschenk eine persönliche Lebensberatung bei Frau ähh... wie heißt sie nochmal ... die von der EMMA ... Sie können aber auch Ihren Mann hinschicken.

Im 2. Kapitel kommt die wahre Geschichte meiner Freundin Pia. Sie sollten sie nicht überschlagen, es könnte nämlich sein, dass Ihnen das auch passiert

Irgendwas ist anders an meiner Mumu. Seit einiger Zeit ist irgendwas anders da unten. Anders als vorher.
Ich bin eine völlig normale Frau. Ich habe zwei Kinder geboren. Ich habe mit Männern geschlafen. Keiner hat sich bisher über meine Anatomie beschwert. Bislang fühlte sich auch alles anatomisch normal an. Doch irgendwas ist jetzt anders. Es kribbelt, prickelt und zwickt. Vielleicht habe ich einen Vaginalpilz. Aber ein Pilz juckt und jucken tut es nicht. Es ist mehr ein Spannungsgefühl. Ein Gefühl, als ob etwas drückt. Als ob da etwas ist, was nicht dahin gehört.
Ich muss dringend zu meiner Frauenärztin gehen.
Nächste Woche. Diese Woche habe ich beim besten Willen keine Zeit für endloses Warten im Wartezimmer. Mein Terminkalender platzt so schon aus allen Nähten. Als moderne Frau mit Karriere und Kindern und Haushalt und dem Kleinkram der reibungslosen Organisation des Alltags bleibt keine Zeit für zusätzliche Termine.
Ich werde mir aber sicherheitshalber bis nächste Woche Yoghurt einführen. Yoghurt hilft auch gegen Pilz. So steht es zumindest auf der Internetseite des feministischen Frauengesundheitszentrums.
Auf dieser Internetseite steht auch, dass sich heutzutage viele Frauen erschöpft, überlastet und müde fühlen, aber dass es einen Kurs gegen BurnOut im Beruf gibt und einen Kurs, wie sich Frauen, die keinen Job haben, trotzdem wohlfühlen können. Der Kurs zum Wohlfühlen ohne Job fällt aber wegen Krankheit der Dozentin aus. Vielleicht hat sie einen BurnOut.

Leider steht auf der Seite nichts über das Gefühl, etwas an der Mumu zu haben, was da nicht hingehört.

Feministinnen haben nie etwas an der Mumu, was da nicht hingehört. Noch nicht einmal etwas, was zwar da nicht hingehört, sich aber von Zeit zu Zeit gut anfühlt, wenn es dort ist, wo es hingehört.

In der EMMA stand im Jahr 1977, dass Frauen von der Penetration, dem Einführen des Penis in die Vagina, im Normalfall nichts haben, denn die Penetration, die mit dem Wort Penis nichts zu tun hat, sonst hieße es Penistration, sei lediglich eine Demonstration männlicher Herrschaft und weiblicher Unterordnung und Frau solle gefälligst nicht passiv die Beine breit machen, sondern aktiv die eheliche Pflicht verweigern. Wer das nicht glaubt, kann gerne im Archiv der EMMA nachschauen.

Ich schaue vor dem Yoghurt auch nach. Nicht im Archiv der EMMA, sondern bei mir. Zuerst im Spiegel. Nicht im SPIEGEL, sondern im Badezimmerspiegel. Im SPIEGEL steht sowieso wenig über Frauen und schon gar nichts über Frauen, die etwas an ihrer Mumu haben, was da nicht hingehört.

Ich sehe nichts.

Natürlich sehe ich nicht nichts, aber ich sehe nichts, was da nicht hingehören würde. Mein hübscher weicher Busch und zwei Lippen, die sich aneinanderschmiegen. Alles normal. Alles wie immer. Das einzig Außergewöhnliche ist, dass alles etwas verschrumpelt aussieht. Wie ein Blumenbeet, das im Sommer lange nicht gegossen wurde. Hübsch, aber vertrocknet.

Wahrscheinlich habe ich an Feuchtigkeitscreme gespart.

Zwischen Karriere, Kindern, Haushalt und dem Kleinkram der Alltagsorganisation kann das passieren. Oft habe ich morgens kaum fünf

Minuten für die Körperpflege, bevor Karriere, Kinder, Haushalt und Kleinkram rufen. Natürlich könnte ich früher aufstehen, um mehr Zeit für die Creme zu haben, aber ich stehe jeden Tag schon um sechs Uhr auf und auch im Bad gibt es keine Ruhe vor der Organisation des Alltags. Vielleicht liegt es nicht an der Creme.

Vielleicht ist es etwas Hormonelles. Frauen haben doch dauernd Probleme mit den Hormonen. Vor der Menstruation, während der Menstruation und nach der Menstruation. Vor den Wechseljahren, während der Wechseljahre und nach den Wechseljahren. Bestimmt ist es etwas Hormonelles.

Nach dem Schauen mit Spiegel, schaue ich ohne Spiegel. Während der Mann, wenn er an sich herunterschaut, einiges sehen kann, kann die Frau nicht viel sehen. Das bringt mich also nicht weiter.

Ich überlege, ob ich mit dem Finger nachfühlen soll. Aber da ruft ein Kind nach mir, das Essen kocht auf dem Herd über, mein Mann wartet auf Abendessen, das Telefon klingelt, die Wäsche muss sortiert werden und der Hund will Gassi gehen.

Fortsetzung folgt.

Das 3. Kapitel ist endlich ein richtiges Kapitel und nimmt die erste
Regel des Feminismus unter die Lupe

Nur Berufstätigkeit gewährt der Frau ökonomische Unabhängigkeit,
lindert soziale Isolation, hebt das Selbstbewusstsein und bricht die
traditionelle Frauenrolle auf. So steht es in dem Buch vom schon er-
wähnten kleinen Unterschied. Trotz Doppelbelastung und auch bei
schlechter Qualifikation fördert jegliche Berufstätigkeit die Selbstbestimmung der Frau, steht weiter in diesem Buch.
Ein Leben ohne Berufstätigkeit ist für Feministinnen offensichtlich
ein schrecklicher Alptraum. Jede Frau ohne Arbeitsstelle ist abhängig,
isoliert, eingeschüchtert, ohne jegliches Selbstwertgefühl und klebt in
der traditionellen Frauenrolle fest.
Eine Frau ohne aushäusige Arbeit ist also aus feministischer Sicht
sozusagen automatisch unglücklich. In dieser Sicht stecken allerdings
ebenfalls automatisch drei große Fehler.
Der erste Fehler ist, dass Feministinnen damit behaupten, dass Frauen
einige tausend Jahre, genauer gesagt bis zur Einführung des Feminismus, auf der faulen Haut gelegen haben. Für Feministinnen ist nämlich nur aushäusige Arbeit echte Arbeit. Kinderversorgung, Hausarbeit, Garten-, Feld - und Stallarbeit, Handarbeiten und die Herstellung von Nahrungsmitteln, all diese Tätigkeiten, die seit Anbeginn
der Menschheit in den Händen von fleißigen Frauen lagen, zählen für
Feministinnen nicht. Deshalb sind heutzutage alle Frauen auf jeden
Fall Rechtsanwältin, Architektin, Journalistin oder Chefärztin. Alle
arbeiten in Vollzeit und denken rund um die Uhr an ihre Karriere,
denn eine Karriere ist für Frauen das lohnenswerteste und wichtigste
Lebensziel, dem sich alles unterzuordnen hat. Diese Karriere wird von

nichts und niemandem unterbrochen. Alle Frauen haben ihren weiblichen Lebensentwurf abgelegt. Endlich können sie wie Männer leben. Seit dem Feminismus wissen wir, dass einige tausend Jahre Arbeit von Frauen nicht weiter erwähnenswert sind. Göttin-sei-Dank für diese Respektlosigkeit.

Der zweite Fehler ist, dass Feministinnen damit behaupten, dass aushäusige Arbeit an sich glücklich macht. Sonderbarerweise finden sich unter Supermarktkassiererinnen und Fabrikarbeiterinnen selten engagierte Frauenrechtlerinnen. Diese Diskrepanz wurde aber schon in dem Buch vom kleinen Unterschied thematisiert. Es findet sich dort die Passage, dass es keinesfalls in der Absicht des Feminismus liegt, Frauenprobleme auf gesellschaftliche Klassenprobleme zu reduzieren, da solch eine Spaltung in gut und schlecht qualifizierte Frauen nur eine Leugnung der Benachteiligung und Unterdrückung aller Frauen sei. Die Supermarktkassiererin und Fabrikarbeiterin soll also gefälligst glücklich mit ihrer Arbeit sein. Ebenfalls Göttin-sei-Dank für diese Geringschätzung von Frauen.

Der dritte Fehler ist, dass Feministinnen damit behaupten, dass nicht nur aushäusige, sondern Arbeit an sich glücklich macht. Abgesehen davon, dass zwischen die beiden Ideologien „Arbeit macht glücklich" und „Arbeit macht frei" kaum ein Blatt Papier passt, hat niemand in der Geschichte jemals so einen Käse verbreitet. Arbeit kann sinnvoll sein, Spaß machen, mehr oder weniger Geld aufs Konto bringen und Anerkennung, aber glücklich macht sie die wenigsten Menschen. Die meisten Menschen würden lieber ihre Tage am Strand in der Sonne verbringen als zur Arbeit zu gehen.

Nach Schätzungen der Krankenkassen leiden heute etwa 13 Millionen berufstätige Menschen in Deutschland an BurnOut. Mehr als zehn

Millionen Tage waren Erwerbstätige wegen BurnOut-Symptomen im Jahr 2017 krankgeschrieben. Jeder dritte Arbeitnehmer klagt über gesundheitliche Stressfolgen. 41 % aller Anträge wegen verminderter Erwerbsfähigkeit und vorzeitiger Berentung sind auf gesundheitliche Probleme durch berufliche Belastung zurückzuführen. Seit dem Jahr 2006 haben sich diese Zahlen verzwanzigfacht. So glücklich macht also aushäusige Arbeit scheinbar nicht. Ein letztes Mal Göttin-sei-Dank dafür, dass nicht nur Männer, sondern endlich auch Frauen sich in der Arbeitswelt einen frühen Herzinfarkt holen dürfen.

Es existiert das Gerücht, dass der Feminismus ohnehin nur erfunden wurde, um die Wirtschaft nachhaltig anzukurbeln. Das kapitalistische System braucht jeden, um flott zu funktionieren. Nicht die Befreiung der Frau steht in der feministischen Idee im Mittelpunkt, sondern die Leistungsideologie. Die viel beschworene Karriere als heiliger Gral der Selbstverwirklichung und als angebliches Lebensglück. Eine Frau darf nicht Kinder und Familie genießen, sie hat fleißig mitzuarbeiten am Bruttosozialprodukt.

Nicht aushäusig arbeiten zu gehen, ist wie ein Sakrileg. Eine Entweihung der feministischen Ziele. Selbst Mütter mit kleinen Babys haben ein schlechtes Gewissen, wenn sie nicht berufstätig sind. Sie müssen sich von Feministinnen als graue und verblödete Hausmäuse beschimpfen lassen, die sich aus Feigheit, Faulheit und Bequemlichkeit in die häusliche Komfortzone zurückziehen würden. Aus Angst und fehlendem Mut, sich der Welt der aushäusigen Arbeit und der Berufstätigkeit zu stellen. In stillem Einverständnis mit altmodischen patriarchalischen Strukturen. Was für ein hanebüchener Unsinn.

Diese erste Regel des Feminismus ist nicht nur eine Ideologie, sie ist frauenfeindlich, menschenfeindlich und kinderfeindlich. Sie hat dazu geführt, dass Frauen in ihrem innersten weiblichen Kern verunsichert sind und sich für ihre weiblichen Gefühle, Bedürfnisse und Wünsche schämen.

Es geht nicht darum, Frauen zurück an den Herd zu bringen, zu propagieren, dass Frauen wie früher ausschließlich daheim für Mann und Kinder sorgen sollen, es geht um den Absolutheitsanspruch, mit dem der Feminismus behauptet, dass nur aushäusige Berufstätigkeit Frauen glücklich macht. Der Feminismus hat nie davon gesprochen, dass alle Menschen, Frauen wie Männer, das Recht auf eine Balance zwischen Familie und Beruf haben sollen. Er sagt, dass Frauen nicht zuhause bei den Kindern sein, sondern arbeiten sollen und dass dann alle glücklich und zufrieden sind. Glücklich und zufrieden gemacht hat er damit weder Männer noch Frauen.

Diese erste Regel hat also – außer Ärger –keinem etwas gebracht.

Im 4. Kapitel gibt es einen kleinen Ausflug in die Historie

Jede Frau will schön sein. Wer etwas anderes behauptet, lügt. Selbst meine Mutter macht sich mit ihren über achtzig Jahren noch jeden Tag nett zurecht. Natürlich wollen auch Männer schön sein, aber um die Schönheit von Männern geht es nicht in diesem Buch.
Beginnen wir mit der Königin von Saba. Eine kluge und gebildete Frau. Niemand weiß, ob sie wirklich gelebt hat. Sie soll mit König Salomon ein Techtelmechtel gehabt haben. Salomon war zu seiner Zeit einer der reichsten und mächtigsten Männer der Welt.
Ich sehe sie förmlich vor mir, diese geheimnisvolle Königin. In ihren wunderbaren seidenen Kleidern, die Haare nach der neuesten Mode gestylt, die Nägel perfekt manikürt, selbstbewusst und sexy von Kopf bis Fuß. Kein Wunder, dass Salomon schwach wurde und ihr von seinem Reichtum gerne etwas abgegeben hat.
Oder denken wir an Kleopatra. Die ägyptische Königin. Die hatte auch ein Techtelmechtel. Mit Cäsar, ebenfalls einer der reichsten und mächtigsten Männer der Welt. Die Schönheit von Kleopatra ist weltberühmt. Sie soll täglich in Eselsmilch gebadet und Dienerinnen gehabt haben, die sich ausschließlich um die Schönheitspflege ihrer Königin kümmerten. Kein Wunder, dass Cäsar von ihr begeistert war und er ihr gerne etwas von seinem Reichtum abgegeben hat.
Ich kann mir die beiden Damen beim besten Willen nicht beim Putzen des Küchenfußbodens vorstellen oder wie sie jeden Tag um 16.00 Uhr gestresst aus dem Büro hetzen, um ihre Kinder aus der Kinderkrippe abzuholen. Natürlich muss manchmal geputzt werden und Kinder unabgeholt stehen zu lassen, gehört sich auch nicht, aber die zwei Hübschen wussten damals schon, dass reiche und mächtige

Männer ganz sicher nicht auf dem Küchenfußboden zu finden sind und sie wussten, dass gestresstes Hetzen vom Büro zur Kinderkrippe der Schönheit von Frauen mehr als abträglich ist.

Jede Frau will schön sein. Auch heute. Wer etwas anderes behauptet, lügt. Hundert Zeitschriften beraten Frauen jede Woche neu und immer wieder gleich, wie sie sich hübsch und das Beste aus ihrem Typ machen können. Vermutlich ist keine Frau gegen diese Beratung gefeit. Sich schön zu machen und schön zu fühlen, ist schließlich ein Zeichen für seelische Gesundheit. Wer will als Frau schon gerne mit schlecht sitzenden Haaren, verlotterten Klamotten und Mundgeruch in den Tag starten.

Auch das hat der Feminismus versucht, Frauen madig zu machen. Statt uns mit gutem Aussehen und Schönheit zu befassen, sollten wir mit Schlabberkleidern, besser noch Hosen und Schlabberhemd, mit ungetuschten Wimpern und ohne Lippenstift, am besten ohne BH und in Birkenstocksandalen unweiblich durch die Gegend laufen. Es könnte sonst ein Mann auf die Idee kommen, uns für begehrenswert zu halten.

Glücklicherweise haben Frauen sich in dieser Hinsicht nicht für so dumm verkaufen lassen. Heute ist die Farbe rosa wieder modern, es gibt entzückende Spitzendessous und Stöckelschuhe stehen bei jeder von uns im Schrank. Die Königin von Saba und Kleopatra würden bestimmt gerne mit uns einkaufen gehen. Und bei diesem Einkaufsbummel würden sie uns nebenbei erzählen, was sie anders gemacht haben als wir Frauen von heute.

1. Sie haben nicht aushäusig gearbeitet.
2. Sie haben keine Karriere angestrebt.
3. Sie haben sich nur um den Erhalt ihrer Schönheit gekümmert.

4. Sie haben die Männer mit ihrer Schönheit betört.
5. Sie haben sich mit reichen und mächtigen Männern umgeben.
6. Sie haben diese Männer nicht feministisch infrage gestellt.
7. Sie waren auf keinen Fall allein erziehend.
8. Sie waren nicht zerrissen zwischen Kind, Karriere und Mann.
9. Sie haben gewusst, was sie tun und warum sie genau das tun.
10. Sie waren emanzipiert, aber keine Feministinnen, die andauernd „Männer sind Schweine" geschrieen haben.
11. Sie haben ihre Schönheit und Klugheit eingesetzt, um sich mit Unterstützung von ihren Männern ein schönes Leben zu machen.
12. Sie haben bestimmt nicht die EMMA gelesen

Die zwei Königinnen waren klug. Sie waren keine verhuschten und verblödeten Hausmäuse, die permanent mit sich selbst im Konflikt lagen, ob sie ohne aushäusige Berufstätigkeit überhaupt ein Existenzrecht haben und erst damit eine nützliche Mitmöse der Gesellschaft sind. Sie waren stolze und selbstbewusste Frauen. Vor vielen tausend Jahren. Ganz ohne Feminismus. Vielleicht sollten wir uns die beiden berühmten Damen als Vorbild nehmen.

Kapitel 5: Fortsetzung der Geschichte meiner Freundin Pia

Die Kinder schlafen endlich, der Küchenfußboden ist geputzt und der Abwasch gemacht, die Wäsche ist aufgehängt und der Hund war Gassi. Ich fühle jetzt mit dem Finger nach. Ein bisschen komisch ist das schon, so an sich herumzufühlen. Aber heute ist das doch kein Problem für Frauen, sich mit ihrem Feuchtgebiet, wo sich Rotz und Spucke, Popel, Erbrochenes und Körpersäfte aller Art tummeln, zu beschäftigen. Während ich so fühle, fällt mir etwas ein, was ich kürzlich gelesen habe. Stand das in der EMMA?

"In dem Buch gibt die Autorin vor, einem frischen, lustbetonten Feminismus den Weg zu ebnen und tut doch in Wahrheit das Gegenteil, nämlich ein von männlichen Interessen geprägtes und männlichen Interessen dienendes Frauenbild zu protegieren, das in ihrem Romänchen nur die zeittypische Interpretation erfährt. In der NS-Zeit war die Idealfrau die Mutter, die dem Führer möglichst viele Söhne als Kanonenfutter schenkt. In der Adenauer-Ära war es die Hausfrau, die unter Verzicht auf eigene Karriereansprüche dem Manne den Rücken freihält. Und heute ist es die geile kleine Sau, die den Vorgaben einer durchpornoisierten Kultur folgend ihren Körper als menschlichen Golfplatz zur Verfügung stellt: in sämtliche Löcher gepflegt einputten."

Nein, das stand nicht in der EMMA. Wo habe ich diese Rezension über die Feuchtgebiete nur gelesen? Im SPIEGEL? Ist auch egal. Ich weiß sowieso nicht, warum mir das gerade einfällt.

Ich fühle einen kleinen Knubbel. Keinen großen Knubbel, nur einen kleinen. Sozusagen einen Babyknubbel. Der war früher nicht da. Ist das die Klitoris? Nein, die sitzt weiter oben. Dieser Knubbel ist an einer Stelle, an der bei Frauen kein Knubbel sitzt.

Er ist weich wie Samt und lässt sich hin- und herbewegen. Es fühlt sich schön an, ihn anzufassen. Ich bewege ihn hin und her und er wird größer. Sehr sonderbar. Ein bisschen komisch ist das schon mit diesem Ding.

Ich schaue noch mal im Spiegel. Nicht im Badezimmerspiegel, da habe ich ja schon geschaut. Diesmal mit einem Handspiegel. Auf der Internetseite des feministischen Frauengesundheitszentrums steht, dass es nicht schlimm und völlig normal ist, sich als Frau die eigene Vagina mit einem Handspiegel anzuschauen.

Ich sehe wieder nichts. Auch im Handspiegel nicht. Nichts jedenfalls, was ich nicht schon auch im Badezimmerspiegel gesehen hätte. Mein Busch und zwei Lippen, die sich aneinanderschmiegen. Das einzig Außergewöhnliche ist, dass alles etwas verschrumpelt aussieht. Wie ein Blumenbeet im Sommer, das lange nicht gegossen wurde. Hübsch, aber vertrocknet.

Ich falte meine Lippen mit den Händen auseinander und versuche, in mein Inneres zu schauen. Stockfinster diese Körperregion. Nichts zu sehen. Vor allem kein Knubbel.

Ich muss dringend zu meiner Frauenärztin gehen.

Mama, was machst Du da, fragt meine Tochter. Ich habe sie nicht kommen gehört. Mir ist gerade der Spiegel heruntergefallen, sage ich und tue so, als ob es völlig normal ist, sich als Frau die eigene Vagina im Spiegel anzuschauen. Das ist überhaupt nicht schlimm, füge ich an, schiebe die Scherben zusammen und ziehe schnell meine Unterhose hoch.

Fortsetzung folgt.

Das 6. Kapitel geht im Alphabet von A bis Z

A wie Alice

Am Anfang war Alice. Im kleinen Unterschied zu Millionen anderer Frauen hat sie keine Kinder. Dafür hat sie mit ihrem Buch, das 1975 zum ersten Mal erschienen ist, große Folgen ausgelöst. Vor allem für sie selbst. Zum Beispiel, dass sie in jeder Talkshow über die Lage der Frauen in Deutschland reden darf und ein paar Millionen Euro auf Schweizer Banken herumliegen hat.

A wie allein erziehende Mütter

Mädels, Ihr habt nicht mehr alle Tassen im Schrank. Wie konntet Ihr Euch von kinderlosen Journalistinnen nur so verkohlen lassen. Frauen machen alles alleine. Kinder großziehen und gleichzeitig finanziell adäquat für sie sorgen. Klar. Und wieso leben dann die meisten von Euch unter der Armutsgrenze oder dauerhaft in Hartz 4? Da haben die Feministinnen Euch aber einen gewaltigen Bären aufgebunden.

A wie anachronistisch

Heute, im Jahr 2018, finde ich eine Internetseite, auf der steht: "Was spricht überhaupt für die Penetration? Nichts bei den Frauen, viel bei den Männern. Denn der die Frau zur Passivität verdammende Koitus ist für Männer die unkomplizierteste und bequemste Sexualpraktik. Sie müssen sich nicht mit der Frau emotional auseinandersetzen, müssen sie weder seelisch noch körperlich stimulieren. Reinstecken genügt. Dazu kommt die psychologische Bedeutung für diesen Akt des Eindringens: Bumsen als Demonstration männlicher Potenz."

A wie alles beim Alten

Wen es interessiert, wem diese Webseite gehört, schaut nach bei *A wie Alice.*

A wie Antwort
Mir macht Vögeln Spaß. Ätsch!

B wie BurnOut
90 % aller Mütter müssen heutzutage wegen Überlastung und Er-
schöpfung zur Mutter-Kind-Kur.
B wie Bulimie
Diese Entwicklung ist doch zum Kotzen.
B wie böses Mädchen
Gute Mädchen kommen in den Himmel, böse überall hin. Wer will
schon überall hin. Vor allem nicht gleichzeitig und rund um die Uhr.
Das Einzige, was daraus resultiert, ist, dass man zur Mutter-Kind-Kur
fahren muss.
B wie Beruf
Im feministischen Bild sind alle Frauen Rechtsanwältin, Architektin,
Journalistin oder Chefärztin. In Realität sind die meisten Frauen von
Beruf Krankenschwester, Verkäuferin und/oder in anderen schlecht
bezahlten, aber mit der Familienarbeit gut zu vereinbaren Tätigkeiten
in Teilzeit unterwegs.
B wie BRIGITTE
Das ist eine Frauenzeitung. Nicht zu verwechseln mit der EMMA.
Das ist auch eine Frauenzeitung. In der einen steht, wie Frauen dünn
werden und sich schön anziehen können.
B wie Bestimmung
Heute sollen Frauen aushäusig arbeiten gehen. Früher sollten sie nur
Kinder kriegen, in der Küche stehen und in die Kirche gehen. Es
bleibt zu wünschen, dass Frauen irgendwann einmal selbst über ihre
wahre Bestimmung bestimmen dürfen.

B wie Blondinenwitz

Zwei Blondinen gehen spazieren und finden zwei Bomben. Die eine sagt: „Die müssen wir zur Polizei bringen". Die andere: „Und wenn eine explodiert?" Die erste antwortet: „Dann sagen wir einfach, dass wir nur eine gefunden haben".

C wie Cortex

Das ist die Großhirnrinde, die wir Menschen haben, um alle Dinge zu überdenken. Zum Beispiel die Frage, ob wir ein für alle Mal entscheiden, dass Männer und Frauen zur gleichen Spezies gehören und deshalb die gleichen Rechte haben.

C wie Chancengleichheit

Genaueres dazu findet sich in Kapitel elf.

C wie Cro-Magnon-Mensch

Unsere Vorfahren, die vor etwa 40.000 Jahren gelebt und Bilder von dicken glücklichen Frauen in ihren Höhlen gemalt haben.

D wie Diamonds are girls best friend

Hat schon die Monroe gesungen und verdammt recht damit. Noch schöner als farblose Diamanten sind so genannte fancy oder bunte Diamanten. Die Steinchen eignen sich sehr gut als Anlagevermögen. Am besten lassen Sie sich von ihrem Ehemann oder Liebhaber eine Handvoll davon schenken.

D wie dankbar

Im Alter und bei einer Scheidung können Sie auf diese bunten Steinchen besser zählen als auf jede beste Freundin.

D wie Debatte

Es herrscht grade wieder Aufregung im Land. Eine Studie enthüllt, dass Milliarden Euro, die in die Familienpolitik investiert werden, völlig fehlinvestiert sind. Eine Debatte entbrennt. Jede Zeitung, jedes Internetforum, jede Talkshow-Runde nimmt sich des Themas an. Die Familienpolitik. Die Kinderbetreuung. Der Kita-Ausbau. Die Vereinbarkeit von Familie und Beruf. Da muss doch etwas passieren. Das kann so nicht weitergehen. Deutschland investiert Milliarden in die Familienpolitik und steht trotzdem auf den hinteren Rängen mit dem Kindersegen. Nur 48% der vielen investierten Milliarden fließen zurück in die Staatskasse. Und warum? Weil die Kinderbetreuung, der Kita-Ausbau und die Vereinbarkeit von Familie und Beruf in Deutschland so schlecht organisiert sind, dass Mütter entweder nicht oder nur halbtags arbeiten können und sie deshalb keine Steuern erwirtschaften und dann kein Geld zurück in die Staatskasse fließt. Da muss man doch etwas tun. Das reiche Land Deutschland kann es sich nicht leisten, dass Frauen daheim bei ihren Kindern sind. Drei Tage später ebbt die Debatte ab, macht neuen Sensationen Platz und alles bleibt beim Alten. Eine dünne Frau geht irgendwo über einen roten Teppich, der Dschungelkönig kriegt eine eigene Fernseh-Show und die Kältepeitsche aus Russland schlägt wieder zu.

D wie dünn
Dünne Frauen nehmen den Männern nicht so viel Platz weg.

E wie Eva
Adam hatte im Paradies keine große Auswahl. War Eva eigentlich Journalistin oder ein graues Hausmütterchen?

E wie Esoterik
Es gibt Frauen, die schreiben Bücher für Frauen, in denen steht, dass das Universum Geld schickt, wenn man es sich wünscht. Die werden

reich. Es gibt Frauen, die diesen Quatsch glauben. Die bleiben arm.

E wie Erziehungsurlaub

In dem Wort stecken zwei Fehler. Zum einen müssen Kinder nicht nur drei, sondern mindestens achtzehn Jahre erzogen werden, wenn etwas Vernünftiges aus ihnen werden soll und zum zweiten ist das kein Urlaub, sondern harte Arbeit.

E wie Ehe

Die Idee, dass zwei Menschen, meistens ein Mann und eine Frau, sich die Arbeit mit dem Kinder großziehen und dem Geld verdienen teilen, ist nicht falsch. Falsch ist es, zu behaupten, dass ein Mensch, meistens eine Frau, diese Arbeit alleine schaffen kann.

E wie Erschöpfung

Ist das Einzige, was bleibt, wenn eine Frau diese Arbeit jahrzehntelang alleine zu bewältigen hat.

E wie empörend

Dank dem Feminismus, der behauptet, dass Frauen ohne Ehemann besser dran sind, leben fast drei Millionen Alleinerziehende mitsamt ihren Kindern unterhalb der Armutsgrenze.

F *wie Fisch*

Eine Frau ohne Mann ist wie ein Fisch ohne Fahrrad. Diesen Spruch hat auch irgendein Mistkerl erfunden. Er wollte damit das Gerücht in die Welt setzen, dass eine Frau mit Mann wie ein Fisch mit Fahrrad ist. Aber wer will schon mit einem Fisch verglichen werden. Aus Trotz lässt sich heutzutage fast jede dritte Frau mit und ohne Kinder scheiden.

F wie Femen

Hübsche junge Frauen mit blanken Brüsten rennen auf Bühnen und werden dort von der Polizei abgeführt. Die Männer freuen sich über die blanken Brüste.

F wie Frau TV

Das ist BRIGITTE im Fernsehen

F wie Ficken

Ist dasselbe wie Penetration, macht aber mehr Spaß.

F wie Fünfziger-Jahre

Damals haben sich die Frauen nicht für dumm verkaufen lassen. Sie wussten, dass nur die Ehe mit einem gut situierten Herrn ihnen ein angenehmes und stressfreies Leben ermöglicht.

F wie Familienpolitik

Die ist in Deutschland in den *F wie Fünfziger-Jahren* stehen geblieben.

G wie Genderwahn

Treibt bunte Blüten, wenn eine Hochschule ein harmloses Gedicht über die Schönheit von Frauen von der Außenwand entfernen muss, weil es angeblich Frauen auf Sexualobjekte reduziert.

G wie Grundsicherung

Eine Freundin sagt, dass sie hofft, dass sie im Alter dement wird, um nicht mehr zu merken, dass sie Grundsicherung bekommt.

G wie Großmutter

Oma kann keine Enkel hüten. Sie muss Pfandflaschen sammeln, um ihre Grundsicherung aufzubessern.

G wie große Göttin

Das bin ich natürlich.

G wie gottgegebener Unterschied

Es gibt keinen gottgegebenen Unterschied. Ob es einen Gott gibt, ist ohnehin durch nichts zu beweisen.

G wie Germanys Next Top Model
Junge Mädchen stöckeln öffentlich durch die Gegend und wollen die
Schönste unter den Schönen werden. Frau *A wie Alice* betitelte diese
Sendung als menschenverachtend.

H wie Humorlosigkeit
Es macht den Schönsten der Schönen doch Spaß, durch die Gegend
zu stöckeln und mit ihrer Schönheit eine Menge Geld zu verdienen.
H wie Hausmaus
Ein Wesen, in das sich jede selbstständige und selbstbewusste Frau
nach der Geburt eines Kindes automatisch verwandelt, wenn sie ihr
Kind nicht sofort nach dem Abfallen der Nabelschnur zur Kinderfrau
bringt und wieder aushäusig arbeiten geht.
H wie Hausarbeit
Wird von der peruanischen Haushaltshilfe für fünf Euro die Stunde
erledigt, während die selbstständige und selbstbewusste moderne Frau
Gendertheorie an der Hochschule unterrichtet.
H wie Herd
Wer sich nicht wehrt, endet am Herd, sagt ein feministischer Spruch
und seitdem müssen alle essen, was die peruanische Haushaltshilfe
gekocht hat. Manchmal kocht sie Meerschweinchen.

I wie Ignoranz
Sehr clever, dieses feministische Modell. Hausarbeit und Kinderbetreuung wird an gering verdienende Putzfrauen und Haushaltshilfen
und Kinderfrauen ausgelagert, die gemäß dem feministischen Entwurf
aber mit diesen Jobs auch aushäusig arbeiten und deshalb damit allen
Frauen gedient ist, auch den Peruanerinnen.

I wie Italien

Im Urlaub auf dem Campingplatz fahren Männer das Wohnmobil in die dafür vorgesehene Parklücke, bezahlen mit ihren Kreditkarten, machen Feuer und grillen Bratwürste. Frauen waschen Wäsche und räumen auf. Die meisten Paare sind mit dieser Arbeitsteilung einverstanden und zufrieden. Ich muss als ehemalige Feministin leider alles alleine machen. Einparken, bezahlen, Feuer machen, grillen, Wäsche waschen und aufräumen. Und zum romantischen Sonnenuntergang sitze ich mit meinem Glas Rotwein alleine am Strand. Wenigstens schreibe ich mir dort im Urlaub auf dem Campingplatz jetzt meinen Zorn darüber von der Seele.

I wie irgendwie irgendwann irgendwo

Findet sich für eine immer noch hübsche kluge ehemalige Feministin mit erwachsenen Kindern und Enkelkindern, die gut kochen kann und lustig und treu ist, vielleicht doch noch ein netter Mann, der mir eine Bratwurst grillt und das Wohnmobil in die vorgesehene Parklücke fährt.

J wie Journalistinnen

Sind meistens gut verheiratet, erzählen aber gerne im Fernsehen und in Büchern wie toll und emanzipiert es ist, ohne Mann zu leben.

K wie Katzenberger

Mit dem Spruch, was frau nicht im Kopf hat, muss sie im Körbchen haben, hat die pfiffige Daniela den Nagel auf den Kopf getroffen und alle feministischen Umtriebe ab absurdum geführt.

K wie Kriegswitwe

Im Krieg der Geschlechter gibt es leider keine Witwenrente für die

Frauen, die sich in jungen Jahren vor den Karren der Ideologie des Feminismus haben spannen lassen und durch Trennung vom Mann und jahrzehntelangem Alleinerziehen deshalb im Alter in finanzieller Not leben müssen.

K wie Kreuzfahrt

Frauen, die sich in jungen Jahren nicht vor diesen Karren des Feminismus haben spannen lassen, machen das im Alter von und mit der guten Rente ihres Ehemannes dreimal im Jahr. Nicht alle, aber doch viele.

K wie keine gute Laune

Macht mir diese Diskrepanz zwischen Frauen mit und ohne Mann.

L wie Latte-Macchiato-Mutter

Während das Kind bei der Nanny chinesisch lernt, sagt Mami das Wetter im Fernsehen an. Zwischen zwei Latte-Macchiato telefoniert sie mit ihrem Unternehmensberater-Gatten und fragt, ob er daran gedacht hat, das neue Haus im Speckgürtel von Köln, Hamburg oder Berlin zu bezahlen und ob er das Kind später bei der Nanny abholen kann. Krankenschwestern sind nie Latte-Macchiato-Mütter.

L wie Liebe

Alles dazu findet sich in Kapitel sieben.

M wie Millionär

Besser als einen reichen Mann zu heiraten, ist es, einen Millionär zu heiraten. In Russland gibt es Kurse, in denen hübsche junge Frauen lernen, wie und wo sie sich einen solchen angeln können. Die Kurse sind hoch begehrt und auf Monate ausgebucht. Feministinnen laufen dunkelblau an, wenn sie das hören.

M wie Männer

Männer sind – neben Frauen – das freundlichste Geschlecht unserer menschlichen Sippe. Die meisten von ihnen sind nett, höflich, gut erzogen, zuvorkommend, riechen gut und fassen sich gut an. Von Männern, die weder nett, noch höflich, gut erzogen, zuvorkommend und gut riechend sind, halten sich Frauen am besten fern und fassen sie erst gar nicht an.

M wie Männer sind Schweine

Nein. Oder haben Sie schon einmal von einer Frau gehört, die ihren Mann geschlachtet und zu Schnitzel verarbeitet hat?

M wie Mutterfalle

Dieses Wort ist eines der bösesten Worte, die der Feminismus in die Welt gesetzt hat. Mutter-Sein ist erfüllend und wunderbar, es schenkt dem Leben einen Sinn und bereichert auf allen Ebenen des Menschseins. Nur Frauen, die keine Kinder haben und wollen, können das Mutter-Sein mit dem Bild einer Falle verbinden.

N wie Nestbeschmutzerin

Mit ihrem Buch „der dressierte Mann", das sich gegen feministische Theorien stellte, löste die Autorin Esther Vilar vor über 40 Jahren große Kontroversen aus und war teilweise heftigen Anfeindungen und körperlichen Angriffen – sie wurde auf dem Klo der Münchner Staatsbibliothek von Feministinnen zusammengeschlagen – bis hin zu Morddrohungen ausgesetzt. Nach ihrer eigenen Aussage war dies der Grund für ihre fluchtartige Emigration aus Deutschland.

O wie Orgasmus

Für eine Frau gibt es wichtigere Sachen als ein Orgasmus. Zum Beispiel der Kauf von einem Paar auberginenfarbener Lackstiefelchen. Das hat oben erwähnte Esther Vilar gesagt. Wahrscheinlich wollten die Feministinnen auf dem Klo in der Staatsbibliothek ihr nur die auberginenfarbenen Lackstiefelchen klauen und haben sie deshalb zusammengeschlagen.

O wie Opfer

Was mich am meisten an der feministischen Ideologie stört, ist, dass die Frau immer als Opfer dargestellt wird. Opfer der Gesellschaft und sozialen Ordnung allgemein, Opfer von Männern und Kindern. Die Gesellschaft ist feindlich gegenüber Frauen, sie kriegen zu wenig Chancen, die gläserne Decke ist zu hoch, das Gehalt ist zu niedrig, in der Werbung sieht man nur nackte Brüste und sowieso sind Frauen andauernd nur Sexualobjekte. Männer beuten sie aus, unterdrücken und vergewaltigen sie, nutzen sie von vorne bis hinten für ihre übermächtigen männlichen Triebe und Bedürfnisse. Auch die Mutterschaft wird im Feminismus nur aus Sicht des Opfers geschildert. Die Schwangerschaft macht abhängig von einem Mann. Das Kind macht abhängig. Die Frau muss daheim hocken und sich Tag und Nacht um das schreiende Balg kümmern. Sie ist immer die Angeschmierte. Nach dem Willen der Feministinnen ist die Lösung aber ganz leicht. Um das Opfer-Sein abzulegen, muss sich die Frau verweigern. Dem Mann, dem Kind und dem vorgegebenen patriarchalischen Lebensentwurf. Dann ist sie endlich kein Opfer mehr.

P wie Penis

Nicht nur der Feminismus verbreitet Käse. Auch in der Psychologie wird davon einiges verbreitet. Weil Frauen angeblich auf dieses Ding zwischen den Männerbeinen neidisch sein sollen, werden sie reihen-

weise hysterisch und weigern sich konsequent, den Küchenfußboden
zu putzen. In Wirklichkeit ist dieses mehr oder weniger stramme Teil
ein Körperteil wie jedes andere Körperteil. Sensibel, verletzlich und
störanfällig. Männer haben es nun mal von Natur aus. Frauen haben
etwas anderes. Beides passt, auch von Natur aus, perfekt zusammen.
P wie Patriarchat
Feministinnen behaupten, dass Männer nur wegen diesem Ding seit
Anbeginn der Menschheit Frauen unterdrücken.

Q wie Quotenfrau
Weil Männer seit Anbeginn der Menschheit, außer im Matriarchat,
Frauen unterdrückt haben und immer weiter unterdrücken, kriegen sie
jetzt zur Strafe eine solche aufs Auge gedrückt.

R wie Rente
Siehe *G wie Großmutter* und *G wie Grundsicherung*
R wie rosa
Allen Bestrebungen der Farbe lila entgegen, macht sich ein sexy Slip
und ebensolcher BH mit Spitzenborten in rosa einfach phantastisch
auf nackter Frauenhaut.
R wie romantisch
Frauen lieben Sonnenuntergänge, Händchenhalten am Kamin, Filme
mit Schluchzfaktor, Rosen, Kerzenschein-Diner, Liebeserklärungen
im Mondschein und lauter so kitschige Sachen. Das ist genetisch und
da kann man nichts machen.
R wie reicher Mann
Warum dieser besser ist als der Feminismus, können Sie im Schlusswort dieses Buches genau nachlesen.

R wie Ruhe

Feministinnen sollen die Frauen einfach in Ruhe Mutter sein lassen, da wäre schon viel gewonnen.

S wie Schuhe

Frauen lieben Schuhe. Das ist ebenfalls genetisch. Natürlich tragen Feministinnen auch Schuhe. Ausgelatschte Turnschuhe oder andere Treter. Schließlich muss frau immer in der Lage sein, einem Mann davonlaufen zu können. Hochhackige Schuhe gehen gar nicht. Die machen Frauen zum Sexualobjekt. Wenn Sie einen reichen Mann heiraten, können Sie sich jederzeit die schönsten Schuhe der Welt kaufen. Wunderbare schweineteure, handgeklöppelte aus feinstem Leder. Rote, blaue, grüne, sogar auberginefarbene Lackstiefelchen. Schuhe für den Sommer und den Winter, Schuhe zum Ausgehen, zum Herumstehen und zum gemütlichen Zuhausesein.

S wie (andauernde) Sexismus-Debatten

Mann und Frau, jeder hat sie satt. Debatten und *J wie Jammern* ändern ohnehin nichts, nur klare Taten und Konsequenzen tun das.

S wie Solidarität unter Frauen

Im Feminismus als „sisterhood" hoch beschworen. Um diese Solidarität zu testen, wäre es eine Idee, am nächsten Weltfrauentag Frau *A wie Alice* zu fragen, ob sie mir von ihren Millionen auf der Schweizer Bank vielleicht 100.000 Euro abgeben will. Ich könnte mir damit ein schöneres Hobby als Pfandflaschen sammeln, suchen.

S wie social freezing

Das ist eine Erfindung für Frauen, die bis Ende 40 Karriere machen und dann weinend in der Kinderwunschbehandlung aufschlagen, um ihr eingefrorenes Ei auftauen zu lassen. Wenn das Küken geschlüpft ist und nachts herumschreit, stört es die Karriere und kommt zur chinesischen Kinderfrau.

S wie Sex

Man munkelt, dass es Frauen gibt, die Spaß am Sex mit einem Mann haben. Mit einem echten Kerl mit einem echten Schwanz.

S wie schwanzgesteuert

Sind diese Frauen das dann nach Ansicht der Feministinnen? Oder habe ich da etwas falsch verstanden?

S wie Schneeschippen

Die emanzipierte Frau verwirklicht sich selbst und lässt ihren echten Kerl solange diese dumme Arbeit machen.

T wie Teilzeitfalle

Feministinnen sehen sich überall von Fallen umzingelt. Mütterfallen, Teilzeitfallen und Mäusefallen für graue verblödete Hausmäuse.

T wie Traummann

Mit einem reichen Traummann können Sie in Ruhe Teilzeit arbeiten. Sollen sich doch Andere in Vollzeit grau und erschöpft schuften. Sie pflegen währenddessen sich und Ihre Schönheit.

U wie Unterschied

Der kleine Unterschied, mit dem diese ganze feministische Frauen-sollen-sich-vom-Patriarchat-befreien-Nummer angefangen hat, ist in Wirklichkeit ein kleinlicher Unterschied. Die Energie, die Männer und Frauen seitdem in das gegenseitige Bekämpfen gesteckt haben, hätten sie vielleicht besser genutzt, um gemeinsam dafür zu sorgen, dass es zum Beispiel keinen Krieg mehr auf der Welt gibt. Oder kein Kind mehr verhungern muss. Oder die Tiere nicht aussterben. Echte Feministinnen schreien jetzt, dass sowieso nur Männer Krieg führen, die Umwelt zerstören und für die ganze Ungerechtigkeit auf der Welt verantwortlich sind. Frauen sind total unschuldig an diesem männlichen Zerstörungswahn und ausschließlich Opfer von Krieg, Umweltzerstörung und Ungerechtigkeit. Das wüsste ich aber.

U wie Utopie

Nach diesen harten Worten folgt ein rosafarbenes kitschiges und unrealistisches Bild. Männer und Frauen gehen behutsam miteinander um. Sie unterstützen sich gegenseitig darin, dass jeder seine Wünsche und Bedürfnisse adäquat erfüllen kann. Keiner sagt dem anderen, in welchen Kleidern er herumzulaufen hat, was er zu tun und zu lassen hat, an was er zu glauben hat und wie er sein Leben zu gestalten hat. Zusammen kämpfen sie dafür, dass die Welt ein friedlicher Ort ist, auf dem sich alle wohlfühlen und jeder auf seine Weise seine wahre Bestimmung im Leben verwirklichen kann. Kinder, Tiere, Pflanzen, Männer und Frauen.

V wie Vater Staat

Bei drei Millionen allein erziehenden Müttern fungiert eben dieser als Ersatz-Ernährer, der das Geld für die Familie beisteuert, da der Ehemann als Original-Ernährer aus welchen Gründen auch immer nicht mehr zur Verfügung steht. Diese Tatsache ist nicht negativ gemeint, aber sie zeigt, dass es ohne irgendeinen Ernährer kaum möglich ist, eine Familie durchzubringen.

W wie Witwenrente

Es gibt Frauen, die lassen es sich, auf dem Sofa gemütlich und eifrig als bekennende superfeministische Kampflesbe die EMMA lesend, von der großzügigen Witwenrente ihres Göttin-sei-Dank abgelebten alten Sacks von Ehemann richtig gut gehen. Beim Thema Geld sind Feministinnen eben auch nur Menschen.

W wie weiblicher Feminismus

Die Emanzipation hat dafür gekämpft, dass Frauen auch Menschen sind und wie Menschen leben können. Der Feminismus, der sich aus dem lateinischen Wort Femina, die Frau, herleitet, hat dagegen im Sinn, dass Frauen nicht nur wie Menschen, sondern wie Männer sind und wie Männer leben können. Der Begriff Weiblichkeit löst bei Feministinnen schon immer einen Brechreiz aus. Frauen sollen nicht weiblich sein und Mütter nicht mütterlich. Der Feminismus will, dass Frauen dem Mann gleich sind und ihm in seinen Zielen folgen. Er ist also ein ausschließlich männlich orientierter Weg. Er hat, statt uns Frauen in unserer Weiblichkeit zu stärken, genau diese genommen. Wir sollen unser Frau-Sein verleugnen, damit wir uns befreien. Befreien in männliche Interessen. Ein weiblich orientierter Feminismus hätte den Kampf zwischen den Geschlechtern weniger aggressiv und Gräben aufreißend gemacht, nicht diesen Streit zwischen Mann und Frau gesät und die Menschheit im Ganzen vorwärts gebracht. Vermutlich müssen wir Frauen uns jetzt nur noch vom Feminismus befreien, bevor wir endlich wirklich wie Menschen leben können.

X *wie Xanthippe*

Das war die angetraute Ehefrau von Sokrates, die in die Geschichte als meckerndes zänkisches Weib eingegangen ist, das ihrem Liebsten aus lauter Ärger, weil er den ganzen Tag nur auf der Straße herumgelabert hat, einen vollen Pinkeltopf über den Kopf geschüttet hat. Ganz schön emanzipiert diese Dame.

X wie X für ein U vormachen
Ideologien jeder Art haben nie etwas zum Positiven verändert. Es
wird Zeit, dass der Feminismus uns nicht mehr vorschreibt, wie und
was wir Frauen zu denken, zu fühlen und zu leben haben.
X wie X-Chromosom
Der, uns Frauen Vorschriften machende Feminismus, wird nämlich
nie das, unsere Weiblichkeit festlegende Bauteilchen in der Erbmasse
abschaffen oder wegdiskutieren können.

Y wie Y-Chromosom
Auch die Träger des die Männlichkeit festlegenden Bauteilchens in
der Erbmasse sollten sich vom Feminismus keine Vorschriften mehr
machen lassen. Das bedeutet nicht, dass ihr Frauen im Fahrstuhl einfach an die Brust oder den Hintern fassen dürft, dass ihr keine Babys
wickeln könnt oder den wilden Zampano mimen sollt; es bedeutet,
dass ihr keine Frau werden müsst, um in Ordnung zu sein.
Y wie Yoghurt
Hilft, wenn es an der Mumu kribbelt, prickelt und zwickt.

Z wie Zickenkrieg
Kluge Männer halten sich aus dem feministischen Hickhack heraus.
Die weniger Klugen befeuern mit anti-feministischen Sprüchen die
endlose Debatte unter den Weibern.

Das 7. Kapitel ist endlich wieder ein richtiges Kapitel und nimmt die zweite Regel des Feminismus unter die Lupe

Im Feminismus wird der Mann an sich als bedrohlich für Frauen definiert. Frauen sind gut, Männer sind Schweine. Sie sind mies und charakterlos, geringwertig, unberechenbar und überflüssig.
Was ist ein Mann in Salzsäure? Antwort: Ein gelöstes Problem. In jedem Mann steckt etwas Gutes, wenn es ein Küchenmesser ist. Was macht eine Frau, wenn sich ihr Mann beim Kartoffelholen im Keller das Genick bricht? Reis. Wann ist ein Mann einen Euro wert? Wenn er einen Einkaufswagen schiebt.
Im Feminismus wird der Mann an sich als böse dargestellt. Er ist derjenige, der die Frau unterdrückt, ausbeutet, vergewaltigt und benutzt. Um dem zu entgehen, also als Frau nicht unterdrückt, ausgebeutet, vergewaltigt und für alles benutzt zu werden, sollen Frauen sich von den Männern und der Liebe distanzieren.
Wie wirst Du als Frau schnell 90 Kilogramm überflüssiges Fett los? Antwort: Lass Dich scheiden. Was war der erste Mann auf dem Mond? Ein guter Anfang. Was ist ein Mann im Knast? Artgerechte Haltung. Was ist der Unterschied zwischen einem Kuhschwanz und einem Schlips? Der Kuhschwanz bedeckt das ganze Arschloch.
Von Liebe war nie die Rede im feministischen Gedankengebäude. Liebe zu einem Mann sei lediglich ein Konstrukt des Patriarchats, das Frauen in emotionaler und sexueller Knechtschaft hält. Frauen sollen sich endlich von der Liebe lösen, damit sie sich aus dieser angeblichen Knechtschaft befreien.
Die Herrschaft der Schwänze hat ihre Grenze. Ohne Männer gäbe es keinen Krieg und nur noch glückliche Frauen auf der Welt. Als Gott

den Mann schuf, übte sie nur. Tausche hübsches Brautkleid gegen Pistole.

Da sich entgegen feministischer Ideen leider immer noch viel zu viele Frauen in einen Mann verlieben, stellt der Feminismus die Liebe zu einem Mann heute noch so dar, als sei sie eine Form des so genannten Stockholm-Syndroms. Bei diesem Syndrom finden Gefangene einer Geiselnahme mit der Zeit ihre Geiselnehmer nett und sympathisch, um nicht in Gefahr zu geraten, getötet zu werden. Die Opfer bauen ein positives emotionales Verhältnis zu den Tätern auf und erfüllen freiwillig deren Wünsche.

Der Feminismus sagt, dass Frauen sich nur aus Angst in Männer verlieben. Angst vor Eigenständigkeit und Unabhängigkeit, Angst vor innerer Leere, die nicht mit einem aushäusigen Beruf gefüllt ist, Angst vor dem Alleinsein und Angst vor gesellschaftlicher Ächtung. Wenn sie einen Mann gefunden haben, kleistern sie diese Angst mit marzipansüßem Kitsch und sentimentaler Romantik zu, lösen sich in der Zweisamkeit auf wie ein nasses Brötchen und nennen diese hysterisch aufgeblähte Begeisterung dann Liebe. Nach feministischer Ansicht ist das Leben mit einem Mann nichts als ein demütigendes Spiel, in dem Frauen mitspielen, weil sie wie Geiseln des Stockholm-Syndroms mit den Ketten der Liebe gefesselt seien.

Diese Fessel scheint den Feministinnen ein ebenso schrecklicher Alptraum zu sein wie eine Frau ohne aushäusige Berufstätigkeit. So wird heute in feministischen Büchern moniert, dass sogar Frauen mit eigenem und gut bezahltem Beruf immer noch um die Männer und die Liebe kreisen würden, herumhühnern wird es in diesen Büchern genannt, statt sich ein eigenes selbstbestimmtes Leben zu schaffen. Erst wenn Frauen sich endgültig von der Fessel der Liebe zu Männern befreit hätten, seien sie endlich Gegnerinnen und keine Komplizinnen des Patriarchats mehr. Was für ein hanebüchener Unsinn.

Diese zweite Regel der feministischen Ideologie ist ebenso frauen- und menschenfeindlich wie die erste Regel. Sie ignoriert völlig, dass es Liebe zwischen Mann und Frau gibt, dass es eines der tiefsten Bedürfnisse jedes Menschen ist, sich in einer Bindung zu einem Partner aufgehoben zu fühlen und dass die Menschheit ohne Liebesbeziehungen zwischen Mann und Frau längst ausgestorben wäre.

Die Regel ignoriert nicht nur all das, sie macht sich in Wahrheit über die Liebe lustig.

Für Feministinnen sind Männer nur zu gebrauchen, wenn es wie bei *W wie Witwenrente* um das Thema Geld geht. Frage: Was macht eine feministische Frau morgens mit ihrem Arsch? Antwort: Sie schmiert ihm ein Butterbrot und schickt ihn zur Arbeit.

Im 8. Kapitel wird ein Drehbuch umgeschrieben

Um nicht nur von Frauen, die vielleicht nicht gelebt haben und von Frauen, die über zweitausend Jahre tot sind, zu berichten, nehmen wir noch Pretty Woman als Beispiel.
Jeder kennt den Film mit Julia Roberts. Auch ihre Schönheit ist legendär und Richard Gere ist in dem Film ein reicher und mächtiger Mann. Die meisten Kinobesucher verdrücken ein Tränchen, wenn die zauberhafte Julia am Ende ihr Haar öffnet und auf der Außentreppe lächelnd zu Herrn Gere herunterklettert, der sie trotz seiner extremen Höhenangst zum gemeinsamen Leben abholt.
Ich habe auch ein Tränchen verdrückt.
Und dann habe ich spaßeshalber das Drehbuch umgeschrieben.
Pretty Woman sinkt nicht in seine Arme. Sie verzichtet dankend und sagt, dass sie keinen Mann will und auch keinen braucht. Männer sind sowieso Schweine, sagt sie noch und klettert die Treppe wieder hoch.
Sie ist nämlich Feministin.
Oben angekommen greift sie nach ihrem gepackten Koffer und reist in die nächste Universitätsstadt. Nach ihrem Studium, irgendwas mit Medien, startet sie eine steile Karriere im selbst organisierten Frauenbuchverlag und arbeitet zwanzig Stunden am Tag. Nach paar Jahren, der Frauenverlag ist endgültig pleite gegangen, wechselt sie zu einer Frauenzeitschrift und beantwortet Leserinnenbriefe. Schließlich will sie allen Frauen helfen, sich aus dem Patriarchat zu befreien.
Ende dreißig beginnt ihre biologische Uhr zu ticken. Sie wünscht sich Kinder, aber es gibt keinen Mann in ihrem Leben.
Anfang vierzig wird sie doch schwanger. Ein One-Night-Stand hat geholfen. Sie kriegt Zwillinge. Julia ist jetzt allein erziehend. Mit ihrer

Karriere hapert es nach der Geburt gewaltig. Kinder versorgen lässt sich nicht mit einem Karrierejob vereinbaren. Pretty Woman wird etwas quengelig und ihre Schönheit beginnt zu bröckeln.

Sie hat zwei Kinder, keine Karriere, kein Geld und keinen Mann. Als die Kinder im Kindergarten sind, sucht sie sich eine Halbtagsstelle und rennt sich die Hacken ab, um Familie und Haushalt unter einen Hut zu bringen und finanziell zu überleben.

Zeit für sich hat sie nie. Zeit, um sich einen Partner zu suchen, auch nicht. Die wenigen Männer, die sie kennenlernt, legen keinen Wert auf eine alleinstehende Frau mit Kindern. Einsamkeit macht sich in ihrem Leben breit.

Julia rennt sich jahrelang weiter die Hacken ab, um Beruf, Familie und Haushalt als Single-Mutter unter einen Hut zu bringen und finanziell zu überleben. Ihre Schönheit bröckelt weiter.

Die Jahre vergehen, die Zwillinge werden größer, der eine entwickelt Pubertätsprobleme, der andere auch. Mit Mitte fünfzig fühlt sie sich jeden Tag wie ein ausgebrannter Hamster im Laufrad. Die Wechseljahre machen ihr zu schaffen und sie hat Angst, dass sie bald einen Herzinfarkt bekommt.

Mit Ende fünfzig, die Kinder haben ihre Probleme überwunden und sind ausgezogen, fühlt sie sich wie ein ausgebrannter faltiger Hamster im Laufrad. Sie hat einen BurnOut im Endstadium und erwägt, vorzeitig in Rente zu gehen, aber ihre zu erwartende Rente aus der jahrelangen Teilzeitstelle liegt unterhalb der Armutsgrenze. Sie muss weiter arbeiten, ob sie will oder nicht.

Nachts, wenn sie mit Anfang sechzig alleine im Bett liegt, fragt sie sich, ob ihre Entscheidung, Herrn Gere damals auf der Außentreppe stehen zu lassen, richtig war. Sie fragt sich, warum sie dachte, dass sie keinen Mann will und keinen braucht, und ob ihre Idee eines feministischen Lebens, eines Lebens ohne Mann, eine gute Idee war. Sie fragt sich, ob sie einem Irrtum aufgesessen ist. Mittlerweile ist sie mehr als quengelig und ihre Schönheit ist dahin.

Spätestens an diesem Punkt meines umgeschriebenen Drehbuchs würden alle Kinobesucher gelangweilt den Saal verlassen. Wer will schon einen Film über einen alten ausgebrannten faltigen Hamster sehen.

Ich würde mir so einen Film nicht anschauen wollen.

Die Königin von Saba und Kleopatra würden sich vor Lachen in ihre seidenen Slips machen und Pretty Woman zurufen, dass sie auf jeden Fall einem Irrtum aufgesessen ist. Einem großen Irrtum. Und dann würden sie zu Salomon und Caesar lustwandeln und ihren reichen und mächtigen Gatten erzählen, dass es Jahrtausende später Frauen geben wird, die behaupten, dass Männer Schweine sind, die immer nur an Sex denken und dass es deshalb für Frauen besser ist, auch für Frauen mit Kindern, ihr Leben ohne Mann zu gestalten. Sie würden ihren Männern erzählen, dass Frauen diesen Käse Jahrtausende später tatsächlich glauben und als Ergebnis mit Anfang sechzig als alte ausgebrannte faltige Hamster enden.

Salomon und Caesar schütteln als Antwort pflichtbewusst ihre Köpfe und schwören sich, als die Damen in den Garten gegangen sind, um ihre neuen Diamantenringe im Sonnenlicht zu bewundern, niemals zu erzählen, dass dieser Käse, der sich Feminismus nennt, in Wirklichkeit von einem Kerl erfunden wurde.

Kapitel 9: Fortsetzung der Geschichte meiner Freundin Pia

Heute klappt es endlich mit dem Termin bei meiner Frauenärztin. Nach gefühlten zwei Jahren Warten im Wartezimmer, umgeben von Frauen, die offenbar auch alle etwas an ihrer Mumu haben und vor Verzweiflung zum zwölften Mal die BRIGITTE, die dort ausliegt, lesen, darf ich jetzt im Sprechzimmer auf den gynäkologischen Stuhl klettern. Diesen Stuhl hat auch irgendein Mistkerl erfunden. Wie ein umgefallener Maikäfer, die Beine zur freien Besichtigung gespreizt, Metallinstrumente in meinem Allerheiligsten, fragt mich die Ärztin, wie es mir geht. Gut, sage ich. Zwischen Karriere, Kindern, Haushalt und der Alltagsorganisation geht mir zwar manchmal die Luft aus, aber sonst ist alles gut. Bis auf diesen sonderbaren Knubbel.
Die Ärztin schabt, kratzt und werkelt an meiner Mumu herum. Ich seh nichts, sagt sie. Da ist nichts. Vielleicht haben Sie einen Pilz. Soweit war ich auch schon mit meiner Diagnose. Ich glaube nicht, dass ich einen Pilz habe, sage ich. Ein Pilz juckt und jucken tut es nicht. Es ist mehr ein Spannungsgefühl. Ein Gefühl, als ob etwas drückt. Als ob da etwas ist, was nicht dahin gehört. Ich seh nichts, da ist nichts, sagt die Ärztin und verschreibt mir Vaginalzäpfchen gegen Pilz. Wenn es nicht besser wird, kommen Sie in einer Woche wieder, sagt sie noch und entschwindet aus dem Sprechzimmer.
Ich ziehe mich an und bin genauso schlau wie vorher.
Fortsetzung folgt.

Das 10. Kapitel ist das letzte richtige Kapitel und nimmt die dritte
Regel des Feminismus unter die Lupe

Laut feministischer Ideologie bricht es der Eigenständigkeit der Frau
endgültig das Genick, wenn sie ein Kind bekommt. Durch das
Mutter-Sein wird sie in einem perfiden patriarchalischem Komplott
biologisch angekettet und kann ihr restliches Leben dieser Fessel nicht
mehr entfliehen. Mit der Mutterrolle wählt sie freiwillig eine unter-
geordnete Position, kollaboriert mit dem herrschenden System und
geht - ebenfalls freiwillig - den Weg in eine Sackgasse.
Sie hockt in der Falle und betreibt ihre eigene Vermausung. Sie lässt
ihr Dasein zerkrümeln zwischen Windeln und den Bedürfnissen ihrer
Kinder. Ihre Selbstbestimmung versickert im Sand des Sandkastens.
Sie vergeudet ihre Lebenszeit damit, auf Spielplätzen zu hocken, über
Babybrei zu reden, als dienstbarer Geist den Haushalt zu schmeißen
oder Chauffeur ihrer Kinder zu sein. Sie hat sich unterworfen, statt
sich zu behaupten. Sie hat sich selbst entmachtet und für Unmündig-
keit entschieden. Sie hat sich in eine Rolle ziehen lassen, die sie aus
tiefstem Herzen eigentlich verachtet. Sie vergeudet ihre Fähigkeiten.
Sie lebt ein Leben aus zweiter Hand und latscht auf ausgetretenen
weiblichen Wegen daher.
Die Kinder werden in diesem perfiden patriarchalischen Spiel wie
Speck in der Mausefalle schamlos ausgenutzt. Sie sollen dem Leben
der Mütter einen Sinn geben, den sie zu feige sind, woanders, sprich
in einem wichtigen aushäusigen Beruf, zu suchen. In Wahrheit seien
Kinder nichts als ein Fluchtweg vor der Frage nach eigenen Zielen
und einem Lebenssinn der Mütter. Mutter-Sein schützt Frauen vor
den Forderungen der Welt und der Mühe, sich ein sinnvolles Leben

zu schaffen und aufzubauen. Sich als Hausfrau nur um die Kinder zu kümmern sei grob fahrlässig und verantwortungslos gegenüber sich selbst. In Wirklichkeit hätten Mütter nur keine Lust, für die Gesellschaft etwas Produktives zu leisten. Dazu käme, dass das mit dem angeblichen Mutterinstinkt und der Mutterliebe durchtränkte Frauenbild des Patriarchats Frauen sowieso auf den hinteren Platz verweist und nur die von Männern seit Jahrtausenden gemachten und gewünschten Verhältnisse stabilisieren würde.

Um all dem zu entkommen, sollen Frauen sich endlich und endgültig vom Diktat der Natur befreien. Nach feministischer Ideologie sollen sie also keine Kinder mehr gebären.

Von allem hanebüchenen Unsinn ist das der allerhanebüchenste Unsinn im feministischen Weltbild.

Die dritte Regel ist nicht nur frauenfeindlich, menschenfeindlich und kinderfeindlich, sie ist geradezu lebensfeindlich. Es erklärt sich von selbst, dass es ohne Kinder keinen Fortbestand der Menschheit mehr gibt.

Über diesen Fortbestand der Menschheit scheint der Feminismus nicht nachgedacht zu haben oder eine andere Utopie zu bevorzugen. Feministinnen wünschen sich offenbar, dass in Zukunft nur noch EMMA-lesende Kampflesben weibliche Klone per Parthenogenese, also durch Jungfernzeugung produzieren dürfen. Alle Probleme auf der Welt wären mit einem Schlag gelöst.

Die Herrschaft der Schwänze hätte endlich ein Ende. Es gäbe nur noch dicke glückliche Frauen. Es gäbe keine von der Familienarbeit verblödete hormongesteuerte Hausmäuse und Muttertiere mehr. Alle Frauen könnten sich auf ihre einzig und allein sinnstiftende Karriere als Chefärztin oder Journalistin konzentrieren. Die weiblichen Klone würden für fünf Euro die Stunde bei der peruanischen Kinderfrau gelagert, die ihnen feministische Literatur auf chinesisch vorliest. Es gäbe keine Diskussionen mehr, ob es für ein Kind gut oder schlecht ist, wenn die Mutter ein paar Jahre zuhause bleibt. Die Kampflesben könnten ihren Wunsch, sich durch richtige, nämlich aushäusige Arbeit zu entfalten, nach Herzenslust austoben. Die öde Hausarbeit macht ein Staubsauger-Roboter.

In hundert Jahren wären alle Männer vom Antlitz der Erde verschwunden und es wäre wie im Paradies.

Der schönste feministische Traum.

Das Paradies auf Erden.

Endlich ohne Adam.

Das 11. Kapitel befasst sich mit der Frage, ob und inwieweit der Feminismus die Interessen der Frauen überhaupt vorwärts gebracht hat

Frauen kriegen die Kinder. Männer schreiben darüber Bücher. Ein Bestseller, das Buch über die sanfte Geburt, das die etwas grobe Behandlung der Neugeborenen anprangert, hat für eine Revolution in der Geburtshilfe gesorgt. Frederic Leboyer, ein Gynäkologe, wurde mit diesem Buch Millionär.

Frauen erziehen die Kinder. Männer schreiben darüber Bücher. In allein zwei Fällen wurden ebenfalls Männer mit der Veröffentlichung von Erziehungsbüchern in den letzten Jahren Millionäre, Jesper Juul, der für jedes pädagogische Problem eine Lösung hat und Michael Winterhoff, für den die heutigen Kinder Tyrannen sind.

Bösartigerweise könnte man behaupten, dass keiner dieser Männer vermutlich je eine Nacht bei einem kotzenden Kind verbracht und am Morgen die gesamte versaute Bettwäsche gewaschen hat.

Keine Frau ist mit einem Buch über die Geburt und die Erziehung von Kindern Millionärin geworden, obwohl sie es ist, die im Kreißsaal schwitzt und das Kind dann zwanzig Jahre lang erzieht. Wo hat der Feminismus in vierzig Jahren die Interessen von Frauen in dieser Hinsicht vorwärts gebracht? Wo ist der feministische Erfolg?

Frauen gucken Filme. 90 % aller Drehbücher von im Kino und im Fernsehen laufenden Filme werden von Männern geschrieben. Nicht nur geschrieben, sondern nach dem Schreiben auch angenommen, veröffentlicht und gefördert durch Filmstiftungen. Im Theater erhält ein Mann, Volker Lösch, einen Preis als Regisseur für ein Stück, in dem allein erziehende Mütter ihre Geschichten von Diskriminierung, Armut und sozialem Abstieg auf der Bühne erzählen dürfen. Wieso erhält keine der allein erziehenden Mütter jemals einen Preis für den Knochenjob, den sie macht?

Frauen verkaufen bei Dawanda für kleines Geld handgestrickte Socken und verwirklichen sich damit künstlerisch selbst. Drei Viertel aller in Galerien in Deutschland angebotenen Kunstwerke sind von Männern. 90 % aller in deutschen Kunstmuseen ausgestellten Werke sind von Männern. Die meisten Stipendien erhalten Männer. Wenn eine Künstlerin, die Kinder hat, ein Kunst- oder Literaturstipendium erhält, kann sie es nicht annehmen, da es an den Stipendienorten, bei denen eine Anwesenheitspflicht gilt, weder Kinderbetreuung noch eine Beschulung gibt. Der Nobelpreis wurde in allen Disziplinen bis heute an achthundert Männer und fünfzig Frauen vergeben. Wo hat der Feminismus in vierzig Jahren die Interessen von Frauen in dieser Hinsicht vorwärts gebracht? Wo ist der feministische Erfolg?

Frauen verdienen in Deutschland im gleichen Beruf nach wie vor schlechter als Männer. Bei der Vereinbarkeit von Familie und Beruf steht Deutschland auf den hintersten Plätzen. Trotz Rechtsanspruch suchen Mütter monatelang nach einem Kindergartenplatz. Der Ausbau der Ganztagsbetreuung in der Schule geht, wenn überhaupt, nur im Schneckentempo voran.

Der Feminismus hat in mehr als vierzig Jahren die Interessen von Frauen dahingehend vorwärts gebracht, dass dreiundzwanzigtausend Gleichstellungsbeauftragte die Hymne von Deutschland genderkonform umdichten wollen und dass es in jedem Bahnhofspissoir sieben Klos für sieben verschiedene Geschlechter zu geben hat.

Gerechtigkeit und Chancengleichheit zwischen Mann und Frau gehören jedenfalls bis heute nicht zum feministischen Erfolg.

Der Feminismus behauptet zwar für Gerechtigkeit und Chancengleichheit zwischen Mann und Frau zu kämpfen, in Wirklichkeit ging es ihm nie um die Interessen aller Frauen, sondern einzig und allein darum, gegen Männer zu sein.

Eine Welt ohne Männer zu schaffen.

Eine Welt, die absolut unrealistisch ist. Eine abgestandene Suppe, die von der Realität von Frauen so viel versteht wie ein Fisch vom Fahrradfahren. Altgediente Feministinnen, die sich mit Büchern damals reich und bekannt geschrieben haben, benehmen sich heute wie eine Diva im Theater, deren Stück schon längst abgesetzt ist. Sie reden und schreiben immer noch und immer weiter darüber, wie schrecklich und öde es ist, als Frau im noch nicht endgültig abgeschafften Patriarchat zu leben und wie unterdrückt und beherrscht von Männern das Leben von Frauen in diesem endlich endgültig abzuschaffenden Patriarchat ist.

Sie reden und schreiben niemals für die Interessen aller Frauen.

Sie reden und schreiben immer nur von sich selbst.

Und für sich selbst.

Kapitel 12: Fortsetzung der Geschichte meiner Freundin Pia

Natürlich haben die Vaginalzäpfchen nicht geholfen. Es ist ja auch kein Pilz. Da ich diese und nächste und auch die übernächste Woche auf keinen Fall Zeit habe, mich wieder ins Wartezimmer zu setzen und zwölfmal die BRIGITTE zu lesen, klicke ich mich noch mal auf die Internetseite des feministischen Frauengesundheitszentrums. Irgendwas muss doch da über sonderbare Knubbel an der Mumu zu finden sein. Yoga, Kurse über Myome und einen gesunden Darm, Impulse für Wohlbefinden, wenn frau Geringverdiener ist, alles gibt es. Die Dozentin für den Kurs für Frauen ohne Job hat leider immer noch einen BurnOut. Nichts über Knubbel.
Vor lauter Verzweiflung bestelle ich ein Spekulum aus Plastik. Der Gynäkologe hat so eins aus Metall und guckt damit bei den Frauen unten ins Dunkle hinein.
Vor vierzig Jahren, als der Feminismus aufkam, hatte jede Frau so ein Ding zu Hause. Im Kreis der feministischen Schwestern wurde der Slip ausgezogen und mit diesem Spekulum ins Dunkel geguckt. Jede bei sich selbst oder wechselweise. Meine Möse gehört mir und ich will wissen, wie es da drinnen aussieht. Während der Menstruation lag das Spekulum im Schrank und es wurde stattdessen gemeinsam das Diaphragma eingesetzt oder im Licht des Vollmonds getanzt und das frei fließende Blut Mutter Erde geweiht.
Das war damals völlig normal.
Ich bestelle das Plastikding bei amazon. Hoffentlich ist es neutral verpackt. Nicht, dass der Briefträger noch denkt, dass ich Feministin bin. Nach fünf Minuten ist es schon angekommen und auch neutral verpackt. Am Abend, als der Küchenfußboden geputzt, die Wäsche

aufgehängt und der Abwasch gemacht ist, der Hund Gassi war und die Kinder schlafen, packe ich es aus. Ich setze mich aufs Sofa, ziehe den Schlüpfer herunter und weiß nicht mehr weiter.

Wie herum muss das Ding denn eingeführt werden? Wie macht das der Gynäkologe? Und wenn es endlich eingeführt ist, wie soll ich etwas sehen? Es bleibt doch auch mit dem Ding dunkel in der Mumu. Statt irgendeinen Knubbel zu finden, klemme ich mir schmerzhaft meine Lippen ein und beende das Experiment. Kein Wunder, dass die damalige feministische Selbstuntersuchung nicht zum bleibenden Repertoire aller Frauen wurde. Das mit dem Spekulum überlasse ich in Zukunft lieber meiner Frauenärztin.

Sicherheitshalber führe ich mir noch ein Vaginalzäpfchen ein und beschließe, morgen doch Zeit zu haben, zwölfmal die BRIGITTE zu lesen.

Fortsetzung folgt.

Im 13. Kapitel wird kurz und knapp zusammengefasst, warum die Ideologie des Feminismus für Frauen von Nachteil ist

Frauen sollen sich von den Männern befreien. Im Ergebnis führt das dazu, dass Frauen alles alleine machen müssen. Genügend Geld für die Familie verdienen, die Kinder erziehen, den Schnee schippen, die Steuererklärung ausfüllen, den Haushalt in Schuss halten, das Auto waschen und die Waschmaschine selbst reparieren. Sie sollen also für zwei Arbeitsbereiche gleichzeitig zuständig sein; ihre Frauenaufgabe wie Kinder und Haushalt adäquat erfüllen und im gleichen Atemzug den männlichen Part übernehmen.

In der realen, der nicht vom Feminismus beeinflussten Welt teilen sich Mann und Frau diese beiden Arbeitsbereiche. Wer welchen Part in welchem Zeitrahmen übernimmt, wird in der heutigen Zeit in den Familien zumindest versucht, gerecht aufzuteilen.

Frauen sollen sich von den Männern befreien. Im Ergebnis führt das dazu, dass Frauen immer alleine sind. Es gibt keine gemeinsame Zukunftsplanung, keine gemeinsamen Lebensziele und auch kein gemeinsames Sparen auf zum Beispiel eine Immobilie zum Wohnen und zur Altersabsicherung. Es gibt keinen Sex und eine Menge Einsamkeit. Es gibt nur Arbeit rund um die Uhr und wenig Genuss. Es gibt keinen Partner, mit dem man die schönen Dinge des Lebens teilen kann. Es gibt keinen, der durch schwere Zeit trägt. Es gibt keine gemeinsamen Hobbys, keine gemeinsamen Pläne und keine gemeinsamen Freuden. Es gibt keine gemütliche Rentenzeit, die man als älter werdendes Paar zusammen genießen kann.

Was ist das für ein Lebensmodell, alles alleine machen zu müssen und immer in allem alleine zu sein? Selbst die große Göttin würde so eine

Idee ablehnen. Dachten die Feministinnen, dass statt Mann und Frau ausschließlich Frauen sich das alles gegenseitig geben können? Emotionale und finanzielle Sicherheit, Liebe, Geborgenheit, Nähe, Zärtlichkeit und Hilfe bei allen zu lösenden Problemen und Fragen des Lebens?

Der Feminismus behauptet, dass es für eine Frau besser ist, alleine zu sein als mit einem Mann zusammen das Leben zu meistern und zu gestalten. Er sagt, dass Frauen, die sich vom Mann befreien, wild, stolz und schön sind, sozusagen freie Amazonen. In Wahrheit macht so ein Leben auf Dauer einsam, verschrumpelt, vertrocknet, kratzbürstig und hässlich vom vielen Arbeiten. Frauen, zumindest Frauen mit Kindern, können ohne einen Mann, jedenfalls was die finanzielle Seite des Lebens betrifft, auch nach mehr als vierzig Jahren Feminismus nicht vernünftig leben, nur überleben.

Kapitel 14: Fortsetzung der Geschichte meiner Freundin Pia

Den nächsten Nachmittag verbringe ich lesend im Wartezimmer.
Als Titelthema hat die BRIGITTE diesmal Alleinerziehende. 80 %
von ihnen leben unter der Armutsgrenze. 70 % leben von Hartz 4.
Warum sind diese allein erziehenden Frauen nicht alle Journalistin
oder Chefärztin geworden. Ich lese, dass manche das sogar sind, sie
aber wegen der mangelnden Kinderbetreuung nicht in ihrem Beruf
arbeiten können. Während ich lese, denke ich an einen Brief, den eine
Freundin mir vor dem Abschicken einmal zur Gegenkorrektur gegeben hat.

*Sehr geehrte Frau Bascha Mika, nachdem ich Ihr Buch über die „Feigheit der
Frauen“ gelesen habe, möchte ich mich mit Ihnen in Verbindung setzen und
würde mich sehr freuen, wenn Sie mir eine Rückmeldung geben können.
Ich bin im gleichen Jahr wie Sie geboren, 1954, und ich habe alles so gemacht,
resp. gelebt, wie Sie es in Ihrem Buch propagieren. Ich war feministisch und habe
feministisch unabhängig gelebt. Ich habe mich scheiden lassen, um nicht an einem
Ehemann zu kleben. Ich habe zwei Kinder alleine großgezogen, ohne Hilfe eines
Mannes. Ich habe vierzig Jahre rund um die Uhr gearbeitet. Als Hebamme. Ich
habe alles alleine gemacht. Arbeit. Geld verdienen. Familie. Haushalt. Keinerlei
emotionale Abhängigkeit. Wissen Sie, was das Ergebnis davon ist? Um ehrlich
zu sein: Ein Haufen gequirlte finanzielle Scheiße.
Ich hatte als schlecht verdienende Hebamme die Wahl, meinen Kindern etwas zu
essen zu kaufen oder für meine eigene Rente vorzusorgen. Was glauben Sie, wofür
ich mich entschieden habe? Jetzt sind meine Kinder groß; beide haben ein
Universitätsdiplom. Ich habe nichts. Obwohl ich vor einigen Jahren mein Abitur
nachgemacht habe, um beruflich noch etwas Lukrativeres erreichen zu können,*

kann ich nicht studieren. Ich kann es mir nämlich nicht leisten. Mittlerweile ist mir wegen meines Alters der Studiengang, der mich interessieren würde, ohnehin nicht mehr zugänglich. Hätten Sie doch studiert, als Sie jünger waren, sagt die Universität, aber sie sagt mir nicht, wer damals das Geld für meine Kinder hätte verdienen sollen.

Als Hebamme kann ich mit jetzt 65 Jahren nicht mehr arbeiten. Tag und Nacht abrufbar, jedes Wochenende unterwegs, manchmal 40 Stunden am Stück. Das geht nicht mehr. Das Ergebnis ist: Ich bin, weil meine Rente zu niedrig ist, auf die Grundsicherung angewiesen. Mehr als vierzig Jahre gearbeitet, zwei Kinder großgezogen und meine Rente liegt bei 630 Euro. Dazu kommt, dass ich alleine bin, keinen Partner habe, der mir zur Seite stehen würde. Weder emotional noch finanziell. Eine Frau, die alles alleine kann und macht und schafft, ist nicht besonders attraktiv für Männer.

Ich sage Ihnen jetzt, was ich über all das denke. Ich bin alles andere als feige. Wenn mich heute ein reicher Mann heiraten wollen würde, würde ich sofort ja sagen und auf den ganzen feministischen Kram dankend verzichten, denn dieser Kram kann mich mittlerweile mal. Er ist etwas für Frauen, die keine Kinder oder reich geerbt haben.

Für eine Frau mit einem üblichen Frauenberuf, die eine übliche Frauenbiografie, also Kinder hat, und versucht, die Kinder mit einer Berufstätigkeit zu verbinden, ist es mehr als schwachsinnig, darüber nachzudenken, unabhängig von einem Mann zu leben.

Was dabei herauskommt, wenn frau es trotzdem tut, spüre ich am eigenen Leib. Armut seit meinem dreißigsten Lebensjahr und Armut im Alter. Und sagen Sie mir nicht, daran sei das patriarchalische System schuld, das Frauen nach wie vor benachteiligt. Davon kann ich mir nichts kaufen. Ich habe auch keine Lust, als Pionierin des Feminismus arm, aber stolz die Suppenküche zu besuchen. Alle weniger feministischen Frauen in meinem Alter machen es sich mithilfe der Rente *ihres Gatten langsam gemütlich, fahren in Urlaub und pflegen finanziell gut abgesichert in Ruhe ihren Garten. Ich würde sehr gerne ein bisschen abhängiger von einem Mann leben, dafür aber wenigstens LEBEN.*

Ich habe immer daran geglaubt und dafür gekämpft, dass Frauen sich aus ihren Abhängigkeiten befreien sollen, aber mein persönliches Ergebnis davon ist die oben erwähnte gequirlte finanzielle Scheiße.

Vielleicht hätte ich mit meiner feministischen Haltung in tausend Jahren ein besseres Leben, aber heute habe ich es nicht. Und aus diesem Grund will ich vom Feminismus nichts mehr hören und sehen.

In diesem Sinne verbleibe ich mit ganz und gar unvermausten Grüßen.

Eine Antwort hat diese Freundin nie erhalten.

Wahrscheinlich ist die Autorin der „Feigheit der Frauen" mit ihrer Karriere beschäftigt. Oder sie hat auch etwas an der Mumu und sitzt genauso wie ich seit zwei Jahren im Wartezimmer ihrer Frauenärztin. Ich klappe die Zeitschrift zu und lege sie weg. Irgendwie kann ich das Thema Frauenarmut nicht mehr hören und mag es nicht mehr lesen. Es ändert sich sowieso nie etwas. Außerdem werde ich gerade aufgerufen und darf ins Sprechzimmer.

Nach dem Schaben, Kratzen und Werkeln sagt die Ärztin, dass ich doch keinen Pilz habe, sondern eine Entzündung an einer Drüse, eine Bartholinitis. Ich bekomme eine Salbe verschrieben und soll nächste Woche wiederkommen, wenn es nicht besser wird.

Vor dem Verlassen der Praxis hole ich meine Jacke, die im Wartezimmer hängt, und sehe dort eine Frau gerade die BRIGITTE lesen. Wahrscheinlich ist sie eine Alleinerziehende, die sich fragt, warum es gerade schick ist, dass andere allein erziehende Mütter, deren Kinder erst drei Jahre alt sind, Bücher darüber schreiben, wie easy und cool

und entspannt es ist, allein erziehend zu sein. Sie möchte ihnen gerne zurufen: Macht diesen Knochenjob erst mal mit allen Konsequenzen zu Ende und dann reden wir – so in circa zwanzig Jahren - noch mal darüber, aber in einer Frauenarztpraxis herumzuschreien, gehört sich für Frauen nicht.
Fortsetzung folgt.

Das 15. Kapitel untersucht die Frage, warum um alles in der Welt der Feminismus so erfolgreich sein konnte.

Wie im Vorwort erwähnt, waren Frauen durch die patriarchalischen Strukturen jahrtausendelang an ihrer freien Entfaltung gehindert. Es ist gut, dass sie sich davon emanzipiert haben. Es ist gut, dass sie nicht mehr die Erlaubnis ihres Mannes brauchen, wenn sie arbeiten gehen wollen. Es ist gut, dass sie nicht mehr bei einem prügelnden oder vergewaltigenden Mann bleiben müssen. Es ist gut, dass es Verhütungsmittel gibt und Frauen sie einsetzen dürfen, um nicht mehr zwölf oder dreizehn Kinder zu bekommen.

Frauen wollten gerne aushäusig arbeiten und nicht mehr nur Hausfrau und Mutter sein. Frauen wollten nicht bei prügelnden und vergewaltigenden Männern bleiben. Sie wollten keine zwölf oder dreizehn Kinder mehr bekommen. Die Idee der Emanzipation, der Befreiung der Frau aus alten patriarchalischen Strukturen, ist also auf fruchtbaren Boden bei den Frauen gefallen.

Der Feminismus hat diesen fruchtbaren Boden genutzt und dann allerdings das Kind oder in diesem Fall die Frau direkt mit dem Bade ausgeschüttet.

Er hat die Wünsche der Frauen nach mehr Freiheit zum Dogma erhoben und seine drei feministischen Regeln aufgestellt.

Der Wunsch, nicht nur Hausfrau und Mutter zu sein, sondern sich auch mit einem interessanten Beruf verwirklichen zu können, wurde in die erste Regel gewandelt. Weil Frauen früher überhaupt nicht in einem eigenen Beruf aushäusig arbeiten durften, soll dieser jetzt allein glückselig machend und ein Dasein als Nur-Hausfrau und Mutter die Hölle sein.

Der verständliche Wunsch, nicht von einem Mann verprügelt oder vergewaltigt zu werden, wurde in die zweite Regel umgemünzt. Nur weil einige Männer sich wie Schweine verhalten haben, wurden alle Männer Schweine genannt. Weil Frauen nicht mit einem Dreckskerl ihr Leben verbringen und sich verhauen lassen wollten, wurden alle Kerle als Dreckskerle tituliert und verbreitet, dass das Zusammensein mit einem Mann ebenfalls die Hölle ist.

Das Bedürfnis der Frauen nicht mehr nach dem Diktat der Natur und den fehlenden Verhütungsmitteln zwölf oder dreizehn Kinder in die Welt zu setzen, was der Gesundheit und dem Geldbeutel nicht besonders zuträglich ist, wurde in die dritte Regel verwandelt. Kinder zu bekommen und großzuziehen, wird im Feminismus als Oberhölle für Frauen definiert.

Der Feminismus hat also mit seinen Regeln die nach mehr als fünftausend Jahren Patriarchat längst überfälligen Bedürfnisse der Frauen nach mehr Freiheit und Selbstbestimmung wahrgenommen, sie an sich genommen und dann aber maßlos überspannt.

Aus dem Wunsch nach Bestätigung neben der Familienarbeit wurde als Gegenentwurf die verblödete graue Hausmaus. Aus dem Wunsch, sich aus Gewaltbeziehungen zu befreien, wurde der Hass auf Männer. Aus dem Wunsch, nicht permanent schwanger zu sein oder mit einem Baby an der Brust zu leben, wurde die grundsätzliche Ablehnung von Mutterschaft und Kindern.

Aus Abscheu vor dem unfreien Leben, das Frauen unter der Herrschaft der Männer sicherlich oft zu ertragen und zu erdulden hatten, wurde der feministische Traum nicht mehr wie Frauen, sondern nur noch wie Männer zu leben. Karriere als erfüllender Lebenssinn und Liebe, Kinder, Haushalt und Familie als abzulehnende Falle.

Vielleicht wird sich im Laufe der nächsten fünftausend Jahre herausstellen, dass diese feministische Übertreibung für ein wirklich gerechtes Leben zwischen Männern und Frauen als Gegenentwurf erst mal notwendig war. Dass dem Patriarchat mit seiner Überhöhung von Männern zuerst eine Erniedrigung von Männern folgen musste, und dass gegen das festgeschriebene Dasein bei Kindern und Küche nur aushäusige Berufstätigkeit als Ziel für Frauen infrage kommen soll. Vielleicht müssen wir diesen feministischen Gegenentwurf jetzt aber nicht unbedingt fünftausend Jahre leben. Vielleicht können wir ihn als kleine Oszillation im Miteinander der Geschlechter so schnell wie möglich abhaken. Und wenn der Umweg über die feministische Übertreibung dazu führt, dass es am Ende zu wirklicher Gerechtigkeit und Chancengleichheit zwischen Mann und Frau auf unserem Planeten kommt, dann hat er sich doch gelohnt.

Kapitel 16: Fortsetzung der Geschichte meiner Freundin Pia

Natürlich hat die Salbe nicht geholfen. Es ist ja auch keine Bartholinitis. Die Salbe hat nur gebrannt und nach zweimaliger Anwendung habe ich die Tube in den Müll geworfen. Langsam bin ich am Ende mit meinem Latein. Auf der Internetseite des feministischen Frauengesundheitszentrums brauche ich nicht mehr gucken. Andere Seiten über Knubbel an der Mumu gibt es im Internet nicht. Beim Suchen danach bin ich in die pornografischen Ecken des world wide webs geraten, wo Frauen sich rundherum nackt vorzeigen. Scheinbar gibt es eine Menge Männer, die das sehr interessant finden und ebenso viele Frauen, die das für einen spannenden Zeitvertreib halten.
Eine Freundin gibt mir den Tipp, mir doch Hilfe bei einer Geistheilerin zu holen. Natürlich wegen des Knubbels und nicht wegen der pornografischen Internetseiten. Ich schreibe also „Geistheilerin" in die Suchmaske von google und werde direkt bei mir in der Nachbarschaft fündig. „Schamanische Gesundheitsberatung von Frauen für Frauen", meldet sich eine männliche Stimme am Telefon. Ich bin etwas irritiert. Mein gynäkologisches Problem mit dem Knubbel wollte ich eigentlich nicht vor einem Mann ausbreiten. Ich lege auf und beschließe, später noch einmal anzurufen.
Jetzt ist sowieso höchste Zeit, die Wäsche aus der Waschmaschine zu holen und sie aufzuhängen, zwei Meter Bügelwäsche zu bügeln, die Hausaufgaben der Kinder zu überwachen, Abendessen für die Familie zu kochen und mit dem Hund Gassi zu gehen.
Am nächsten Morgen geht bei der Gesundheitsberatung von und für Frauen wieder die männliche Stimme ans Telefon. Ich beschließe, dass es der innere männliche Teil der Heilerin ist, und schildere mein

Problem. Moment, sagt sie, und ich höre, wie sie sich hustend eine Kippe anzündet, dieses Gewächs an ihrem femininsten Teil ist ein Zeichen aus ihrem vorherigen Leben, ein bedrohliches Zeichen. Sie müssten zuerst dreißig private Sitzungen bei mir buchen, damit ich herausfinden kann, was das Zeichen bedeutet. Was kostet solch eine Sitzung, frage ich und beschließe, als sie 250 Euro antwortet, doch besser zu meiner Frauenärztin zu gehen. Außerdem beschließe ich, ein ernstes Wort mit meiner Freundin darüber zu reden, was Frauen sich gegenseitig für einen esoterischen Unfug erzählen und wofür sie freiwillig ihr sauer verdientes Geld ausgeben.

In den nächsten Wochen verlagere ich meinen Lebensmittelpunkt in die Praxis meiner Frauenärztin. Ich wasche, koche und bügele im Wartezimmer, gehe von dort aus zur Arbeit, bringe die Kinder zur Schule, schlafe auf dem gynäkologischen Stuhl und auch der Hund hat sich schnell an sein neues Zuhause gewöhnt.

Bei der ersten Untersuchung schabt, kratzt und werkelt die Frauenärztin nur wieder an mir herum. Ohne Ergebnis. Beim zweiten Mal kann sie den Knubbel undeutlich sehen. Beim dritten Mal macht sie einen Ultraschall. Beim vierten Mal verschreibt sie wieder Zäpfchen. Beim fünften Mal verschreibt sie andere Zäpfchen. Beim sechsten Mal verschreibt sie noch andere Zäpfchen plus eine brennende Salbe. Beim siebten Mal verschreibt sie Antibiotika. Beim achten Mal kann sie den Knubbel deutlich sehen. Beim neunten Mal schüttelt sie den Kopf. Ich weiß nicht, was das ist, das habe ich noch nie gesehen, sagt sie, vielleicht ist es ein Zeichen. Ein Zeichen wofür, frage ich. Für ein bedrohliches Gewächs, antwortet sie und nimmt mir vorsichtshalber drei Liter Blut ab. Bei der zehnten Untersuchung erfahre ich, dass ich kerngesund bin, nur einen etwas zu hohen Testosteronspiegel habe.

Was bedeutet das, frage ich. Nichts, sagt sie, aber das müssen wir in den nächsten Wochen auf jeden Fall genau beobachten. Vielleicht ist es ein Problem mit den Hormonen oder es sind die Wechseljahre, sagt sie noch und entschwindet aus dem Sprechzimmer.
Ich packe Hund, Kinder, Schlafsack und Bügeleisen ein und bin genauso schlau wie vorher.
Die Sprechstundenhilfe, mit der ich mich mittlerweile nett ange-freundet habe, schenkt mir zum Abschied eine kleine Probepackung einer speziellen Feuchtigkeitscreme.
Fortsetzung folgt.

Das 17. Kapitel beantwortet die Frage, was sich ohne Feminismus sowieso und von ganz allein zwischen Mann und Frau geändert hat

Das Wichtigste, was sich geändert hat, sind die Männer. Sie wollen kein Oberhäuptling mehr sein. Sie wollen keine Frau mehr, die ihnen die Pantoffeln hinterher trägt und der sie vorschreiben müssen, was sie zu tun und zu lassen hat. Sie hindern Frauen nicht mehr an allem, was Spaß macht. Die meisten Männer machen auch kein Pipi mehr neben die Kloschüssel.

Der Feminismus von heute besteht aber nach wie vor auf seinem vorgefertigten Bild vom Mann. Hier die unterdrückte freudlose Frau, dort der sie ausbeutende Mann. Eine komplexe Sichtweise ist ihm kaum möglich. Die guten Seiten und guten Entwicklungen der Männer anzuerkennen, würde ihm wahrscheinlich einen Zacken aus der Krone brechen.

Das patriarchalische System hat nicht nur Frauen in eine stereotype und einengende Geschlechterrolle gepresst, auch die Männer waren in dieser einseitigen Rolle gefangen. Die Frau gehört in die Küche und zu den Kindern, der Mann hat sich draußen in der Welt als richtiger Kerl zu schlagen und zu beweisen.

Die Frauen sind als erste den Weg der Befreiung aus diesen Rollen gegangen, die Männer folgen ihnen jetzt, zum Teil noch etwas zögerlich, aber mehr und mehr nach. Sie befreien sich mutig aus ihrer Unfreiheit, sie emanzipieren sich ebenfalls. Das ist das Wichtigste, was sich geändert hat.

Männer lösen sich aus dem Dogma, dass nur Arbeit und Karriere sinnstiftend und allein selig machend sind. Sie wollen bei der Familie sein. Bei ihrer Frau und bei den Kindern. Sie fordern Teilzeitstellen,

Vaterurlaub, wenn ein Kind zuhause erkrankt ist und Verständnis von ihren Arbeitgebern für familiäre Belange. Sie gehen in Elternzeit und genießen die ersten Jahre mit dem Baby.

Männer lösen sich aus dem Dogma, dass Kinder nur Frauensache sind. Sie gehen in den Geburtsvorbereitungskurs und in den Kreißsaal, sie wickeln liebevoll ihre Kinder, sie tragen sie im Tuch oder im Tragebeutel herum und schieben stolz den Kinderwagen. Sie leben ihre weiblichen und fürsorglichen Seiten aus und genieren sich nicht mehr dafür.

Männer lösen sich auch aus dem Dogma, dass sie sich immer wie echte Männer zu benehmen haben. Sie scheuen sich nicht mehr, ihre Gefühle zu artikulieren und zu zeigen, sie weinen in der Öffentlichkeit, sie stehen zu ihren weichen verletzlichen und zärtlichen Seiten und müssen nicht mehr den wilden Zampano mimen.

Das ist doch eine wunderbare Entwicklung.

Natürlich haben sich nicht alle Männer verändert. Manche Ältere aus vorhergehenden Generationen, die ihre Privilegien nicht kampflos aufgeben wollen, tun sich mit der Gleichberechtigung noch schwer und ein paar übrig gebliebene Dinosaurier, die denken, dass Frauen den Männern untergeordnet sind und es auf immer zu bleiben haben, wird es wohl auch weiterhin geben.

Der mittlerweile überwiegende Teil der Männer, der kein Problem damit hat, auch als Mann emanzipiert zu sein, lässt diese Dinosaurier einfach links liegen und freut sich, dass er ebenfalls auf einem guten Weg ist, nach mehr als fünftausend Jahren Rollenklischees endlich wie ein Mensch leben zu können.

Im 18. Kapitel kommt die letzte Fortsetzung der Geschichte meiner Freundin Pia

Mein komischer Knubbel wächst weiter fröhlich vor sich hin. Es tut nicht weh, aber es kribbelt, prickelt und zwickt und spannt. Als ob da etwas wäre, was nicht da hingehören würde.

Ich war beim Internisten, beim Ohrenarzt, beim Zahnarzt, dem Urologen, dem Hautarzt, einem Facharzt für seltene Erkrankungen, zum Röntgen, CT und MRT, also in der Röhre, bei einer Ärztin, die tropische Infektionen behandelt und beim Herzspezialisten. Bis auf den Knubbel bin ich kerngesund.

Vor lauter Sorge über dieses sonderbare Ding habe ich mindestens zehn Kilo abgenommen und sogar kurz erwogen, doch noch mal bei der Geistheilerin anzurufen.

Kind, Du siehst Scheiße aus, sagt meine Oma, die weit weg wohnt und mich nur einmal im Jahr sieht. Was ist los mit Dir? Ich fange an zu weinen und erzähle ihr die Odyssee der letzten Monate.

Ich lasse kein einziges Detail aus.

Hast Du Dich da unten mal mit einem Spiegel betrachtet? Ja, sage ich.

Sieht es aus wie immer? Ja, alles wie immer.

Sieht alles normal aus? Ein weicher Busch und zwei Lippen, die sich aneinander schmiegen? Ja, alles normal.

Hast Du genügend Zeit für Sex und Zärtlichkeit? Nein, sage ich. Mein Terminkalender platzt schon so aus allen Nähten. Als moderne Frau mit Karriere und Kindern und Haushalt und dem Kleinkram der reibungslosen Organisation des Alltags bleibt dafür wenig Zeit. Wie oft habe ich im Bad nur fünf Minuten für meine Körperpflege, bevor Karriere, Kinder, Haushalt und Kleinkram rufen. Natürlich könnte

ich früher aufstehen, um dafür Zeit zu haben, aber ich stehe sowieso
schon jeden Tag um sechs Uhr auf und bin dann sowohl am Morgen
als auch am Abend zu müde für Sex und Zärtlichkeit.
Sieht alles etwas verschrumpelt aus? Ja, sage ich, es sieht aus wie ein
Blumenbeet, das im Sommer zu lange nicht gegossen wurde. Hübsch,
aber vertrocknet, sage ich und weine noch mehr.
Ich weiß was Du hast, sagt meine Oma.
Ich höre auf zu weinen.
Dir wächst ein Pipimann, sagt sie und bricht in das laute Lachen aus,
das ich seit Kindertagen an meiner Oma liebe. Wenn Frauen zu viel
und zu lange wie ein Mann rund um die Uhr arbeiten und keine Zeit
mehr für ihre weiblichen Freuden und Bedürfnisse haben, kann das
passieren. Wenn Du noch lange so weitermachst, kannst Du bald im
Stehen pinkeln, fügt sie an und lacht noch lauter.
Und was soll ich jetzt machen, frage ich.
Nichts, erwidert meine Oma. Wenn Du aufhörst, wie ein Mann zu
arbeiten und zu leben, bildet sich das Ding von alleine zurück.
Bist Du sicher?
Ja, ganz sicher, sagt meine Oma.

Schlusswort

Ich bin mit dem Feminismus aufgewachsen und habe, weil ich jung
und dumm war, freudig und freiwillig seine Regeln befolgt. Jetzt bin
ich nicht mehr jung, aber auch nicht mehr dumm.
Ich weiß mittlerweile, dass Frauen, die nach den drei Regeln der feministischen Ideologie leben, als ausgebrannte Hamster enden. Als Frau
alleine Kinder großzuziehen, für sie finanziell adäquat zu sorgen und
rund um die Uhr alle anderen Aufgaben des Alltags und des Lebens
zu bewältigen, ist für einen Menschen alleine nur mit Mühe und An-
strengung leistbar. Egal, ob dieser Mensch ein Mann oder eine Frau
ist.
Ich weiß, dass Frauen nach mehr als vierzig Jahren Feminismus ohne
Mann nach wie vor nicht gescheit leben können. Unsere Gesellschaft
ist immer noch in den meisten wichtigen Dingen und Möglichkeiten
auf Männer ausgerichtet. Der Feminismus hat nichts, aber auch gar
nichts daran geändert.
Ich weiß, dass es für die meisten Frauen, ob mit ob ohne Kinder, kein
erstrebenswertes Lebensziel ist, alleine zu sein. Der Feminismus hat
mit seiner Behauptung, dass Männer Schweine sind, viele Probleme
zwischen Mann und Frau hervorgerufen. Die meisten Männer sind
hilfsbereite und freundliche Menschen, die genauso wie Frauen auf
liebevolle zwischenmenschliche Bindungen angewiesen sind.
Der feministische Traum, dass Frauen glücklich und frei sind, wenn
sie die Männer aus ihrem Leben werfen, Karriere machen und möglichst keine Kinder haben, hat sich als Irrtum entpuppt.
Glücklich und frei sind Frauen, wenn sie eine Arbeit haben, die sie
lieben und die sie nicht in den BurnOut treibt, Kinder, wenn sie sich

Kinder wünschen und einen netten Partner, der sie gleichberechtigt begleitet und unterstützt. Glücklich und frei sind Frauen, wenn sie ohne finanzielle Sorgen Arbeit, Familie und Liebe fröhlich und entspannt unter einen Hut bringen können.

Es wird Zeit, dass wir Frauen uns von dieser feministischen Ideologie nicht länger an der Nase herumführen lassen.

Ein Leben ohne die Hilfe, Unterstützung und finanzielle Absicherung durch einen Mann bringt Frauen nichts als Unfreiheit, Armut und Stress. Natürlich soll das nicht bedeuten, dass es Frauen gibt und auch geben darf, die ihr Leben ohne Mann gestalten. Frauen, die nicht auf Männer und Kinder stehen, Frauen mit guten akademischen Berufen, Frauen, die lieber alleine sind. Die meisten Frauen aber stehen auf Männer und Kinder und sind nicht gern allein. Die meisten Frauen wünschen sich männliche Unterstützung und Hilfe. Nichts spricht dagegen, wenn sich diese Unterstützung und Hilfe auch in finanzieller Art zeigt. Was soll an Armut auch erstrebenswert sein? Selbst Frau *A wie Alice* ist nicht arm. Arm sind die drei Millionen allein erziehenden Mütter in Deutschland, die sich ohne männliche Unterstützung und Hilfe durch ihr Leben schlagen müssen. Mit einem Mann an ihrer Seite wären sie nicht Titelthema in der BRIGITTE. Mit einem reichen Mann erst recht nicht. Und mit einem Millionär könnten sie sich und ihren Kindern ein gutes Leben ermöglichen.

Mädels, seid also klug. Was Ihr nicht im Kopf habt, müsst Ihr mit dem Körbchen wettmachen, wie Daniela sagt. Pflegt Eure Schönheit und sucht Euch einen Mann, der Euch in jeder Hinsicht unterstützt und verwöhnt. Seid und bleibt auf jeden Fall weiterhin emanzipiert, aber pfeift endlich auf den Feminismus.